이유 있는 지성

이유 있는 지성

스탠퍼드에서 만난
아이들과의 질문과 성장

폴 김 지음

알에이치코리아

들어가는 글

'이유를 아는 학습'이 필요한 이유

　미국 생활 35년, 스탠퍼드에서 보낸 25년의 시간이 훌쩍 지났다. 세월의 흐름을 실감할 때면 벅찬 감정과 함께 아쉬움도 밀려온다. 스탠퍼드 재직 20년을 넘길 무렵부터는 새로운 고민을 시작했다. '앞으로 좀 더 뛰어놀다 보면(나는 스탠퍼드에서 행복하게 가르치고 배운 시간을 '뛰어논다'는 말로 표현해 왔다.) 금세 내 나이도 일흔 중반이 될 텐데, 계속 같은 자리에서 머무른다면 그때도 지금처럼 설레고 행복할까?'
　시간이 흐를수록 이 질문은 나를 초조하고 조급하게 만들었다. 몇 년간 고민을 거듭한 끝에, 내게는 '새로운 놀이터'가 필요하다는 결론에 이르렀다. 강의실에서 느끼는 익숙한 안정감이나 학생들이 보내는 존경의 시선보다는 '오늘은 어떤 새로운 것을 배우고 시도할 수 있을까?'라는 설렘과 기대감이 필요했다. 이제는 지나간 시간을 돌아보며 앞으로의 삶에서 정말 소중한 것과 그렇지 않은 것이 무엇인지 가려야 할 때가 온 것 같았다.

지금 나는 부다페스트에서 아스타나로, 아스타나에서 알마티로, 싱가포르와 홍콩으로, 서울과 울산, 광주로, 닝보와 베이징으로 놀이터를 옮기며 뛰어노는 중이다. 일정의 대부분은 기조강연基調講演 요청에 응하거나, 각국의 교육기관과 함께 교육 관련 프로젝트를 진행하거나, 스탠퍼드 재직 시절에 만든 비영리 교육재단 '시즈 오브 임파워먼트 Seeds of Empowerment'의 자원봉사자들과 함께 전 세계 아이들의 학습을 지원하는 일로 채워진다.

교육자로서의 여정을 처음 시작한 순간부터 지금까지 나는 내가 일을 하는 건지 노는 건지 구분하지 않은 채 지내 왔다. 일인지 놀이인지 모를 정도로 몰입할 수 있는 활동을 찾는 것이 당연한 일상이었다. 그저 신나게 즐겼을 뿐인데 아이디어가 떠올랐고, 팀원들 중 누군가는 창업에 도전했다. 또한 세계 곳곳의 학생들과 함께 연구에 몰입하다 보면 어느새 새로운 교육 솔루션이 탄생했다. 많은 일들이 예상했던 것보다 놀라운 방향으로 흘러갔다.

나는 일과 놀이의 경계가 사라질 때 가장 좋은 결과가 따라온다고 믿는다. 일을 놀이처럼 즐기다 보면 일하는 시간이 기다려지고, 함께하는 사람들과 더 친밀해지고, 배우고 나누는 일이 자연스럽게 삶의 중심이 되기 때문이다. 일요일 저녁마다 월요일 아침이 빨리 오기를 기다리는 사람은 그리 많지 않을 것이다. 주말을 지나 월요일이 오면 또 무엇을 배우고, 개발하고, 시도할지 기대할 수 있어 행복하다. 그런 사람으로 살아갈 수 있다는 사실이 늘 감사할 뿐이다.

오랜 시간 교육자로 살아왔지만, 인생이라는 나만의 학교에서 뛰어놀며 배우고 느낀 것들을 더 많은 사람에게 전하고 싶은 갈증은 여전하다. 내가 수십 년 동안 교육 환경 안에서 관찰한 것은 모든 아이가 각자의 속도와 방식으로 배우며, 그들에게 다양한 가능성이 존재한다는 점이다. 하지만 많은 아이가 그저 부모의 기대나 사회가 정의한 기준에 맞춰 살아가는 현실이 안타깝다.

'인공지능 시대의 시작'이라는 전례 없는 변화 앞에서, 우리는 이제 교육의 본질부터 다시 생각해야 한다. 이제는 방대한 지식을 제공하는 인공지능이 있기 때문에 단순히 정보를 외우고 정해진 문제의 정답을 맞히는 능력만으로는 자신의 가치를 제대로 드러내기 어렵다.

그렇다면 이런 시대를 살아가는 우리 아이들에게 정말 필요한 교육은 무엇일까? 나는 그 해답을 '이유 있는 지성, 즉 이유를 아는 학습'에서 찾는다. 이제는 단순히 지식을 많이 아는 것을 넘어, 왜 배우는지를 아는 것이 중요하다. 따라서 이 책에서는 아이들이 '왜 배우는가?'를 스스로 묻고 답할 수 있는 힘, 즉 '이유 있는 지성'을 키워가는 과정에 대해 이야기하려 한다. 창의적인 질문을 던지고, 자기주도적으로 탐구하며, 급변하는 세상 속에서도 의미 있는 목표를 설정할 수 있는 능력은 모두 '이유 있는 지성'에서 시작되기 때문이다.

교육의 본질은 무엇인가?

학생들을 지도하고, 새로운 교육 시스템을 개발하고, 교육 발전에 기여할 수 있는 프로젝트를 설계하는 교육 공학자로 25년을 보냈다. 그동안 만났던 아이들은 각자 개성도 꿈도 달랐다. 아이들을 떠올릴 때면, 새로운 것을 배울 때의 설렘을 고스란히 담은 그들의 눈빛이 먼저 생각난다.

살마라는 어린 에티오피아 소녀가 놀라운 질문을 했던 순간, 새를 너무 사랑하는 아스퍼거 증후군 소년 에이든을 위해 특별한 솔루션을 계획했던 순간, 카자흐스탄에서 만난 아이들에게서 놀라운 창의성과 열정을 발견했던 순간을 비롯해 모든 만남의 순간이 교육의 본질이 무엇인지 생각해 보는 계기가 되었다.

이 책은 지난 25년 동안 머릿속에 떠올랐던 오래된 질문들을 독자와 함께 나누기 위한 기록이다. 배움의 본질은 무엇이며, 미래를 살아갈 아이들에게 필요한 힘은 무엇일까? 앞으로의 시대에 필요한 자질은 무엇이며, 교사는 어떤 역할을 해야 할까? 부모는 또 어떤 방식으로 아이들의 성장을 도울 수 있을까? 수많은 질문에서 시작한 여정이었지만, 흩어져 있던 생각들을 하나씩 정리해 가는 과정 속에서 나 역시 조금씩 방향을 찾을 수 있었다.

1장 : 교육의 목표를 다시 정의하라

1장은 '아이들을 교육하는 이유는 무엇인가?'라는 근본적인 질문에서 출발한다. 아이들을 무조건 학교로 보내는 것이 앞으로 열릴 새로운 세상에도 적절한 방식일까? 이 질문에 대한 답을 함께 고민해 봤으면 한다. 아이들에게 단순히 지식을 전달하는 것뿐만 아니라, '이유 있는 지성'을 길러주는 일이 왜 중요한지, 교육의 목표부터 달라져야 하는 이유는 무엇인지 설명한다.

우리는 다음 세대에게 어떤 길을 보여줄 수 있을까? 아이들은 앞으로 살아갈 세상에서 어떤 가능성을 깨달을 수 있을까? 어떻게 하면 아이가 스스로 행동하고, 자신의 행동에 책임감을 가지도록 도울 수 있을까?

교육이 아이들에게 과거나 현재의 지식을 전달하는 역할뿐만 아니라, 미래 사회를 성찰하고 적응력을 키워나가기 위한 토대가 되어야 하는 이유를 설명하고, 아이가 '배움의 진짜 이유'를 발견할 때 비로소 가장 이상적인 교육이 가능하다는 메시지를 전하려 한다.

2장 : 미래 인재는 어떤 역량을 갖춰야 할까

2장에서는 미래 인재가 갖춰야 할 핵심 역량을 소개한다. 전 세계 교육 현장을 누비며 가장 이상적인 환경부터 가장 비효율적인 시스템까지 폭넓게 관찰했다. 이 경험들을 통해 '배움의 진짜 이유'를 찾은 아이들에게서 공통적으로 나타나는 몇 가지 특징이 있다는 사실을 깨달았다.

내가 '6C 역량'이라 이름 붙인 개념으로, 2장에서는 아이들의 성장 과정에서 이런 특징들이 어떻게 드러나는지 보여주는 사례들을 소개한다. 이 사례들을 통해 지식이 아닌 개인의 역량이 중심이 되는 교육의 가치를 확인할 수 있을 것이다.

3장 : 창의성은 이유 있는 질문에서 시작된다

3장에서는 에티오피아의 초등학생 소녀 살마가 건넨 놀라운 질문을 통해, 타인의 고통을 이해하는 공감 능력이 세상을 바꿀 수 있는 핵심 역량인 이유를 설명한다. 스탠퍼드에 재직할 당시 학생들과 함께 팀을 이뤄 개발했던 '스마일^{SMILE} 시스템'을 중심으로 '질문 중심 학습법'은 무엇이며, 이것이 실제 아이들의 학습에 어떤 도움을 줄 수 있는지도 소개한다.

또한 창의적인 질문이 새로운 배움의 기회를 열고, 변화와 혁신의 출발점이 되는 과정을 구체적으로 설명한다. 인공지능과 협업할 때 학생들의 질문이 상위 수준의 사고$^{Higher\ Order\ Thinking\ Inquiry}$로 발전할 수 있는 이유도 소개하려 한다. 사고의 전환을 일으키는 질문, 근간을 흔드는 질문$^{Foundational\ Question}$을 위한 훈련 방법도 함께 나눈다. 특히 가정에서 부모와 아이가 일상 속 호기심을 탐구하며 질문 훈련을 실천할 수 있는 효과적인 방법도 제시한다.

4장 : 교사, 아이들의 코치로 거듭나라

4장에서는 시대의 흐름에 맞는 교사의 역할 변화를 다룬다. 아스퍼거 증후군 학생 에이든의 사례를 중심으로 호기심이 배움으로 연결되는 과정과 교사의 개별화된 코칭이 실제로 얼마나 놀라운 변화를 불러올 수 있는지 생생하게 보여줄 예정이다. 교사는 단순히 지식과 정보를 전달하는 사람이 아니라, 학생의 꿈을 키워주는 '코치^{Coach}'의 역할을 담당해야 한다.

4장에서는 교사가 코치로 진화하는 이상적인 전환 과정을 따라가며 교사가 학생들의 숨은 역량을 발견하고, 학생들을 성장시키는 과정을 확인할 수 있다.

5장 : 인공지능 시대, 초자기주도력을 키워라

5장에서는 '초자기주도력$^{Hyper\text{-}Self\text{-}Leadership}$'이라는 이름의 미래형 역량에 대해 알아본다. 초자기주도력은 카자흐스탄에서 진행했던 '인공지능과 창업 교육 프로젝트'에서 내가 처음 제시했던 개념이다. 이 프로젝트에 참여했던 초등학생 레오가 '스웜 드론$^{Swarm\ Drone}$'을 개발하는 과정을 살펴보면 초자기주도력이 무엇인지 쉽게 이해할 수 있다.

레오의 사례를 들여다보면 인공지능 시대에 적합한 교육 방식이 어떤 모습인지 구체적으로 그려볼 수 있고, 미래의 교육 현장이 어떻게 달라질지 예측할 수도 있다. 또한 인간과 인공지능이 효율적으로 협업할 때 열리는 무한한 가능성도 확인할 수 있다.

6장 : 침묵과 기다림으로 완성하는 교육

6장에서는 '기다림의 가치'에 대해 이야기한다. 아이들은 저마다의 속도로 자라고 배우기 때문에, 우리는 그들의 자연스러운 성장 과정을 있는 그대로 존중해야 한다. 때로는 어른의 불안이나 욕심을 아이에게 투영하는 탓에, 오히려 자기주도적 학습의 기회를 빼앗을 때가 많다. 6장을 통해 우리는 아이가 스스로 답을 찾고 그 결과에 책임지는 과정을 묵묵히 지켜보는 것이야말로 어른들이 보여줄 수 있는 가장 현명하고 사려 깊은 사랑이라는 사실을 배울 수 있다.

아이들의 잠재력을 발견하기 위한 여정

세계 곳곳에서 다양한 아이들의 성장 과정을 지켜보는 동안,

그들의 순수한 호기심과 예상치 못한 행동에 놀라기도 했고, 가슴 뭉클한 감동을 느끼기도 했으며, 때로는 내 삶을 되돌아보는 기회를 얻기도 했다. 이 책을 펼친 이들도 이런 경험 속으로 함께 들어가 아이들처럼 고민하고 배우며, 새로운 교육의 항로를 찾는 여정을 함께했으면 한다.

교육은 아이 안에 이미 존재하는 여러 가능성을 발견하고, 저마다 다른 꽃을 피울 수 있도록 돕는 과정이다. 여기서 가장 중요한 것은 왜 배우는지 스스로 묻고, 그 이유를 자신의 삶과 연결하는 힘이다. 이런 배움이야말로 아이 내면에 '이유 있는 지성'을 길러줄 것이다.

우리가 미래를 준비하는 이유는 결국 아이들에게 지금보다 더 따뜻하고 의미 있는 세상을 물려주기 위해서다. 이 여정의 동반자는 부모와 교사이며, 나아가 우리 사회 전체다. 우리는 아이들보다 앞서 걷는 존재가 아니라, 곁에서 함께 질문하고 나란히 걷는 친구가 되어야 한다. 때로는 뒤로 물러서서 조용히 기다리고, 때로는 조심스레 손을 내밀어 아이가 한 걸음 더 성장할 수 있도록 돕는 것이 진짜 교육의 시작이다.

차례

들어가는 글 '이유를 아는 학습'이 필요한 이유   4

1장   교육의 목표를 다시 정의하라

인공지능 시대, 교육의 패러다임이 바뀐다   23
미래 산업을 이끌 새로운 경쟁력   30
부모의 교육 철학부터 바로 서야 한다   34
대한민국 교육이 변해야 하는 이유   43

2장   미래 인재는 어떤 역량을 갖춰야 할까

인공지능 시대가 요구하는 새로운 역량	56
'소통'은 눈높이를 맞추면서 시작된다	61
'협력'은 한정된 자원을 무한한 가능성으로 확장한다	67
'비판적 사고'는 낯선 질문에서 시작된다	76
'창의성'은 다른 세계로 가는 다리와 같다	87
'공감'은 타인의 눈으로 세상을 바라보는 경험이다	95
'책임감'은 생각을 현실로 완성하는 힘이다	102
모든 역량은 하나로 이어진다	110

3장   창의성은 이유 있는 질문에서 시작된다

세상을 바꾸는 질문은 무엇인가?   123

창의성은 공감에서 나와야 한다   125

창의성을 이루는 다섯 가지 요소   129

질문 중심의 학습법을 개발하다   138

질문으로 만들어가는 새로운 미래   148

질문 중심 학습법이 보여준 놀라운 변화   155

4장   교사, 아이들의 코치로 거듭나라

배움에는 정해진 모양이나 속도가 없다   168

교사는 길을 안내하는 코치가 되어야 한다   173

학생 평가는 어떻게 해야 할까?   181

프로젝트 중심의 코칭이 효과적인 이유   183

인공지능으로 자기주도력을 키우는 법   191

인간다운 인간을 기르는 교육   198

5장   인공지능 시대, 초자기주도력을 키워라

초자기주도력은 어떻게 싹트는가? 209
자기주도력은 어떻게 삶을 바꾸는가? 212
인공지능을 활용하는 가장 현명한 방법 218
내가 꿈꾸는 미래 학교의 모습 228

6장   침묵과 기다림으로 완성하는 교육

기다림의 시간이 필요한 이유 241
침묵의 시간 속에 담긴 놀라운 비밀 247
기다림의 교육을 실천하는 방법 253

마치는 글 이유 있는 지성이 여는 미래 259
찾아보기 268

1장

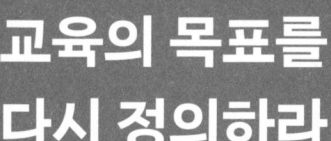

교육의 목표를
다시 정의하라

"교육은 빈칸을 채우는 것이 아니라
불꽃을 불러일으키는 것이다."

존 듀이 John Dewey, 교육자

2016년 마이크로소프트는 출시 하루 만에 인공지능 챗봇 '테이Tay'의 서비스를 중단했다. 테이는 인공지능이 사람들과 상호 작용하는 과정에서 어떻게 정보를 학습하는지 살펴보기 위해 시작한 서비스였다. 하지만 사용자들이 고의적으로 혐오와 인종차별, 성차별 발언을 입력하자 테이는 이것을 그대로 학습했다. 결국 출시 16시간 만에 서비스는 중단되고 계정은 완전히 삭제되고 말았다.

IBM은 '왓슨 헬스IBM Watson Health'라는 이름의 인공지능기술 기반 의료 케어 시스템에 10억 달러 이상을 투자해 의료 솔루션의 혁신을 꿈꿨다. 하지만 이 시스템의 실제 성능은 기대에 미치지 못했고, 실제 의료 현장에서도 신뢰를 얻지 못했다. 복잡한 의료 데이터 처리의 한계와 높은 비용 부담, 낮은 수익성 때문에 상업화에도 실패하자, IBM은 2022년 왓슨 헬스를 매각하고 의료 인공지능 사업에서 완전히 철수했다.

이미지와 영상에서 사람과 사물을 구분해서 분석하는 '아마존 레코그니션Amazon Rekognition'은 뛰어난 기술력을 보여줬음에도, 편향성 논란 때문에 서비스를 중단한 경우다. 아마존 레코그니션에서는 유색인종이나 여성과 관련한 식별 오류가 자주 나타났고, 법을 집행하는 기관들이 이 시스템을 사용하면서 인권 침해 우려가 더욱 커졌다. 여러 시민단체와 연구자들의 강한 비판이 이어지자, 아마존은 2020년 미국 경찰의 레코그니션 사용을 일시적으로 중단하겠다고 발표했다. 이후 모든 상업적 사용을 제한하기에 이르렀다.

글로벌 기업들이 야심차게 내놓은 최첨단 인공지능 솔루션이 연이어 고전을 면치 못한 이유는 무엇일까? 이 모든 솔루션은 기술적인 면에서는 혁신적이지만, 인간과 인간 사회에 대한 이해가 부족하다는 공통점을 가졌다. 글로벌 컨설팅 회사 맥킨지McKinsey의 연구를 살펴보면, 전 세계 기업에서 추진하는 디지털 전환 프로젝트 가운데 약 70퍼센트가 실패에 그치며, 그 주요 원인은 기술적 결함이 아닌 조직 내부의 저항이나 소통 부재, 사용자에 대한 이해 부족에서 비롯되었다. 아무리 정교한 알고리즘과 강력한 성능을 자랑하는 인공지능이라 해도 인간의 특성과 정서를 이해하지 못한다면 성공할 수 없다는 뜻이다.

인공지능 시대,
교육의 패러다임이 바뀐다

지금 우리는 교육 역사상 가장 중요한 갈림길에 서 있다. 오늘날의 교육은 생성형 인공지능의 등장 이전B.G.-Before GenAI과 이후A.G.-After GenAI로 나눌 수 있다. 다만 사람들이 아직 이런 현실을 깨닫지 못하거나 애써 외면하려 할 뿐이다.

산업혁명 시대까지만 해도 사회가 요구하는 '인재의 모습'은 지금보다 단순했다. 이 시기에는 한 분야를 깊이 파고들어 최고가 된 사람, 즉 평생 한길만 걷는 전문가가 존경받았다. 하지만 세상이 완전히 달라졌다. 4차 산업혁명과 인공지능의 등장은 산업혁명 시대의 인재상을 근본부터 뒤흔들고 있다. 인공지능은 전문가들이 평생 쌓아온 지식을 단번에 습득하고, 일부 전문가가 독점하던 정보를 여러 사람에게 공평하게 전달한다. 앞으로 개인의 경쟁력은 단순히 기술을 잘 다루는 수준에서 끝나지 않을 것이다. 앞서 소개한 몇몇 기업들의 사례처럼, 첨단 기술의 시장 적합성 역시 기술적인 정밀함이나 완성도보다는 '인간 특성에 대한 이해와 공감'에서 결정될 것이다.

스마트폰, 챗지피티ChatGPT, 디지털 헬스케어 등 우리가 기억하는 대부분의 혁신은 사람들의 욕구와 불안, 감정과 기대를 정확히 이해한 개발자들이 만든 것이다. 구글, 오픈AI, 애플 등의 기업이 기술자를 찾는 것 못지않게 중요하게 여기는 것도 유능한 행동과학자나 윤리학자를 발굴하는 일이다. 혁신은 기술 자체에서 시작하지 않고, 이 기술이 인간의 삶을 어떻게 바꿀지 예측하는 능력에서 출발한다. 따라서 사용자의 심리를 근본적으로 이해하고, 기술이 불러올 사회적 영향까지 깊이 고민하는 사람들의 역할이 더욱 중요해질 것이다.

그런 면에서 사람을 이해하는 능력은 '부드러운 감성'이 아닌 '날카로운 통찰'에 가깝다고 할 수 있다. 인공지능의 정보 처리 능력이 고도화되고 기술이 더욱 발전할수록 어떤 현상에 의미를 부여할지, 윤리적 판단은 어떻게 내릴지가 더욱 중요해질 것이다. 다양한 가치관과 생각을 연결하는 인간 고유의 역량 역시 더욱 선명하게 드러날 것이다.

미래의 리더 자리는 기술을 잘 다루는 사람이 아니라, 어떤 문제나 현상에 새로운 질문을 던지고, 각기 다른 생각과 개성을 연결하고 통합할 수 있는 사람이 맡을 것이다. 또한 자율주행자동차, 인공지능 법률 시스템, 의료 알고리즘 등 인간의 생명이나 권리와 관련된 첨단 기술을 도입할 때 가장 중점을 두는 가치 역시 '사람들에게 얼마나 신뢰감을 줄 수 있느냐'가 될 것이다.

새로운 질문이 곧 생존력이 되는 시대

앞으로의 세상에서 우리 아이들에게 꼭 필요한 것은 지식을 쌓는 일이 아니라 '아직까지 아무도 상상한 적 없는 질문을 제기할 수 있는 능력'이다. 새로운 세상에서는 어제까지만 해도 존재하지 않았던 것들이 갑자기 생겨나고, 지금껏 익숙했던 것들도 순식간에 사라질 것이다. 상상조차 하지 못했던 일들이 현실에 가까워질수록, 질문을 통해 현상이나 문제의 본질을 파악하고, 창의적인 해결 방법을 찾는 능력이 가장 귀중한 자산이 될 것이다.

미국이 엔비디아 고성능 인공지능 칩의 중국 수출을 제한하자, 중국은 즉시 확보할 수 있는 소량의 칩과 자체 개발한 대체 기술을 활용해 인공지능 성능을 구현하는 방식으로 신속히 대처했다.

인도 정부가 콘텐츠 검열과 데이터 주권 문제를 이유로 해외 SNS 기업의 규제를 강화하자, 현지 스타트업들은 자체 SNS 서비스를 출시하고, 그중 일부는 빠르게 시장 점유율을 높이며 독자적인 플랫폼 생태계를 구축했다.

미국이 핵 개발 의혹에 대한 제재로 이란을 국제 금융망 SWIFT에서 차단하자, 유럽 주요 국가들은 이란과의 무역을 지속하기 위해 '인스텍스INSTEX'라는 별도의 대체 결제 시스템을 구축했다. 이런 사례들에서도 확인할 수 있듯이 빠르게 변화하는 세상에서는 '위기 대응력'이 필수적인 생존 조건이 될 것이다.

이제껏 경험한 적 없는 낯선 상황에 처했을 때도, 재빨리 대안을 탐색하고 그동안은 존재하지 않았던 시스템을 상상해서 실제로 구현할 수 있는가가 핵심이다. 이때 인공지능은 인간의 대응 능력을 확장시키는 역할을 맡을 것이다.

앞으로 우리 사회 전반에 걸쳐 광범위한 자동화, 개인 로봇 비서, 소듐 전지 등 수많은 혁신이 끊임없이 등장할 것이다. 이런 변화 속에서 인공지능을 단순히 인간을 대체하는 기술로 보기보다는, 인간의 지능을 보완하고 확장하는 도구로 인식하는 것이 중요하다. 또한 인간과 인공지능이 협력해서 더 나은 의사 결정으로 이어지는 '확장된 지성$^{Augmented\ Intelligence}$'의 활용이 그 어느 때보다 절실할 것이다. 앞으로는 누가 더 빠르고 효율적으로 인공지능을 활용해 세계 무대로 나아가느냐에 따라 한 사회가 놀라울 정도로 발전하거나 급격히 쇠퇴할 수 있다.

21세기 교육이 달라져야 하는 이유

미래를 준비하는 교육은 그 방향부터 달라져야 한다. 단순히 지식을 일방적으로 전달하는 '티칭^{Teaching}' 중심의 교육만으로는 빠르게 변화하는 세상에 효과적으로 대응하기가 어렵다. 이제는 학생 한 명 한 명의 개성과 강점을 정확히 이해하고, 그에 맞는 '맞춤형 코칭^{Coaching}'으로 각자의 성장 경로를 설계하는 교육이 필요하다.

학생들이 자신의 역량을 자유롭게 발휘할 수 있는 안전하고 건강한 환경이 마련된다면, 이런 문화는 학교뿐만 아니라 사회 전반의 다양성을 더욱 풍부하게 만드는 밑거름이 될 것이다. 다양한 배경과 관점을 가진 아이들이 기발하고 창의적인 생각을 나눌 때, 혁신적인 솔루션이 자연스럽게 탄생할 것이다. 특히 개별적인 코칭 중심의 교육은 아이 안에 숨은 잠재력을 일깨우고, 자신의 강점과 약점을 정확히 인식하는 힘을 길러준다. 앞서 말한 것처럼 '무엇을 아는가?'보다 중요한 것은 '어떻게 생각하고 질문하는가?'이다. 우리 아이들에게는 질문할 수 있는 용기를 길러주는 교육이 필요하다.

대한민국 학생들은 전 세계에서도 손에 꼽힐 만큼 치열하게 공부한다. 새벽같이 학교에 등교해서 밤늦게까지 학원을 오가며 하루를 보내는 모습은 더 이상 놀라운 일도 아니다. 성실함과 끈기는 분명 한국 학생들의 강점일 수 있다. 하지만 한국 교육은 오랜 시간 동안 입시 중심, 성적 중심의 경쟁 구조 속에서 발전해 왔고, 그 과정에서 교육의 본질이 점차 희미해지고 있다.

학생들은 무엇을 왜 배우는지 깨닫기보다는, 좋은 대학에 진학하기 위한 수단으로 공부를 받아들이는 경우가 많다. 이로 인해 각자의 관심사나 재능을 발견하고 발전시킬 기회는 줄어들고, 정해진 기준에 맞추기 위한 획일적인 학습을 강요당한다. 과도한 경쟁은 지속적인 스트레스와 자존감 저하, 심할 경우 학업에 대한 깊은 좌절감으로 이어지기도 한다. 현재의 교육 환경은 학생 개개인의 성장과 자율성을 키워주기보다는, 오히려 그 가능성을 억누르는 방향으로 흘러가는 셈이다.

나의 오랜 친구이자 하버드 교육대학원 교수인 크리스 디디

Chris Dede 박사는 한 강연에서 이렇게 말했다.

"아이들은 어른들이 잘못 정의한 미래를 위해 아직도 처절하게 공부하고 있습니다."

우리 교육 시스템이 직면한 본질적인 문제를 정확히 지적한 말이다. 2025년의 교육은 여전히 산업화 시대에 표준화된 방식을 답습하고 있다. 하지만 가까운 미래에는 반복적 사고, 규칙 기반의 문제 해결, 대량 정보 처리 같은 산업화 시대의 방식을 대부분 인공지능이 대체할 것이다. 따라서 앞으로 아이들에게 가르쳐야 할 것은, '기계를 이기기 위한 방법'이 아니라 '기계와 공존하며 인간 고유의 가치를 실현하는 방법'이다.

미래 산업을 이끌
새로운 경쟁력

인공지능이 인간의 일자리를 빠르게 대체하고, 가장 강한 자만이 살아남는 치열한 세계 경제 체계 속에서 우리는 앞으로 어떤 분야의 경쟁력을 키워야 할까? 또, 미래의 산업 구조는 어떤 방향으로 설계해야 할까? 우리 아이들은 또 어떤 경쟁력을 갖추며 미래를 준비해야 할까?

한국의 산업 역사에서 '먹거리'라는 말은 국가 성장을 이끄는 핵심 산업을 뜻하는 표현으로 자주 쓰였다. 반도체는 오랜 시간 한국 경제를 견인해 온 대표적인 먹거리였으며, 최근에는 배터리, 전기차 부품, 로봇 등이 그 뒤를 잇는 차세대 산업으로 부상하고 있다.

뛰어난 기술력과 대규모 투자를 바탕으로 성장한 몇몇 핵심 산업은 오랫동안 국가 경쟁력의 상징으로 여겨졌다. 그러나 앞으로는 기술 중심의 산업만으로 국가의 지속 가능성이나 발전 역량, 회복 탄력성을 온전히 설명하기 어려울 것이다. 기후 위기, 정신 건강 문제, 저출산과 고령화, 교육 불평등, 젠더 갈등 등은 기술 발전만으로 해결하기 힘든 복합적이고 다중적인 사회 문제이기 때문이다.

우리는 이제 어떤 가치를 중심에 두고 다음 시대를 준비할지 고민해야 한다. 그 해답은 어쩌면 지금까지 예측해 온 방향과는 전혀 다른 곳에서 발견하게 될지도 모른다. 나는 그 실마리를 '질문하는 능력'과 '6C 역량'에서 찾을 수 있다고 생각한다.

'6C 역량'은 소통 능력Communication, 협력심Collaboration, 비판적 사고력Critical Thinking, 창의성Creativity을 의미하는 4C에, 공감 능력Compassion과 책임감Commitment을 더한 여섯 가지 핵심 역량이다.

이 중에서도 '공감 능력'과 '책임감'은 앞으로 우리 사회가 함께 구축해야 할 새로운 형태의 산업적 에너지이자, 공동체적 가치를 기반으로 한 성장의 토대가 될 것이다. 지금까지는 반도체가 정보 처리의 심장이었고 배터리가 전기차의 동력이었다면, 앞으로는 공감이 사회적 연결의 중심이 되고, 책임감이 지속 가능한 미래로 향하는 원동력이 될 것이다.

  물론, 이런 가치가 지금 당장 눈에 보이는 결과물로 나타나지는 않을 것이다. 하지만 공감과 책임감을 바탕으로 한 새로운 제품과 서비스가 등장할 가능성은 충분하다.

  예를 들어, 혼자 사는 노인과 대화를 나누고 정서적 유대감을 형성하는 감정 인식형 도우미 로봇, 아이들의 자유로운 감정 표현을 돕는 놀이용 디지털 앱, 환자와 의료진이 의사 결정을 함께 내릴 수 있도록 돕고, 그 과정을 투명하게 공유해서 신뢰를 쌓아가는 헬스 케어 플랫폼, 진로 선택에 어려움을 겪는 청년들을 위한 인공지능 진로 코칭 앱, 고객의 기분을 분석해 그에 맞게 대처하는 인공지능 상담 시스템 같은 것들이다.

  이런 솔루션은 기술 혁신만으로는 완성할 수 없다. 여기에는 '인간을 진심으로 이해하려는 마음'이 담겨야 한다. 그리고 이런 정서적 역량은 기술보다 훨씬 설계하기가 어렵다. 물론 아직은 이런 상상이 낯설고, 현실과는 다소 거리가 멀어 보일 수도 있다. 누군가는 '공감이 어떻게 산업으로 이어지는가?'라고 의문을 가질 수도 있다. 그러나 앞서 말했듯이, 신뢰를 얻지 못한 인공지능은 우리 사회에 깊이 뿌리내릴 수 없으며, 정서적 배려가 빠진 기술은 결국 사용자로부터 외면받고 만다. 또한 아무리 뛰어난 역량을 갖춘 조직이라도, 인간을 돕겠다는 사명감이 없다면 지속 가능한 성장을 기대하기는 어렵다.

앞으로의 산업을 이끌 주체는 '기술을 잘 다루는 사람'이 아니라, '사람을 배려하고 이해하는 공감 능력을 바탕으로 기술을 상상하고 설계할 수 있는 사람'이다. 언젠가는 제품 설명서에 '이 기술은 더 빠르고 정확한 문제 해결을 위해 개발되었습니다.'라는 설명 대신, '이 기술은 기술 너머의 인간을 기억하기 위해 만들어졌습니다.'라는 말이 들어갈지도 모른다.

인간을 향한 사려 깊은 통찰과 공감을 바탕으로 기술을 설계하고 구현할 수 있는 사람, 다시 말해 지성과 감성을 겸비한 인재를 길러내는 것이야말로 우리 교육이 지향해야 할 가장 본질적인 목표가 되어야 한다.

부모의 교육 철학부터
바로 서야 한다

　스탠퍼드 교수진 중 중국에서 온 한 친구는 스탠퍼드 디자인 스쿨에서 나와 함께 강의하고, 국제학회 기조연설자로 서로를 초청할 만큼 가까운 사이다. 우리는 시간이 날 때마다 실리콘밸리 근교에서 하이킹을 즐기거나, 기회가 될 때는 그의 고향인 닝보에서 식사와 차를 나누며 교육을 주제로 이런저런 이야기를 나누곤 했다. 이 친구의 자녀 교육 방식을 흥미롭게 지켜봤는데, 그 이유는 그가 매우 뚜렷한 교육 철학을 가진 데다 주변의 시선이나 편견에 쉽게 흔들리지 않고 자신만의 신념을 굳건히 지켜나갔기 때문이다.

그는 아이가 학교에 갈 나이가 되었을 때도 학교에 보내지 않았다. 대신, 어릴 때부터 아이가 스스로 필요한 것을 찾아 배우도록 지도했고, 이런 교육 방식은 아이가 고등학생 나이가 된 지금까지도 변함없이 이어지고 있다. 자신 역시 어린 시절 중국의 시골 마을에서 자라며 학교 교육 외에는 별다른 배움의 기회를 갖지 못했다고 한다. 그의 아내 역시 교육 분야에서 일하는데, 두 사람은 결혼 초기부터 자녀 교육에 대한 신념을 공유해 왔다. 그리고 지금까지도 흔들림 없이 신념을 지키고 있다. 학비가 비싼 국제학교나 사립학교는 단 한 번도 고려하지 않았고, 잦은 이사를 해야 하는 부부의 직업 특성 때문에 가족은 늘 새로운 환경에 적응하며 생활하고 있다.

사례① 이안의 이야기
학교를 다니지 않고도 6C 역량을 갖춘 비결

이 아이의 이름은 이안이다. 이안과 함께 식사하며 이야기를 나눌 기회가 몇 번 있었는데, 어떤 질문에도 자신의 의견을 자신감 있게 말하는 모습을 보며 감탄했었다. 고등학생 나이가 된 후에도 늘 신중하면서도 명쾌한 태도를 보여서 이안과 식사하는 자리를 늘 기다렸다. 이안이 또래 아이들과 다른 점이 뭔지 생각해 보면, 일단 학교 숙제 혹은 학원 과제에 쫓기거나, 성적 중심의 서열 경쟁에 시달리는 일이 거의 없었다. 아이는 늘 자기가 원하는 공부, 자신에게 꼭 필요하다고 느끼는 학습을 스스로 선택했다.

이안의 아버지는 스탠퍼드에서 인공지능 로보틱스 전문가로 재직하며, 시간이 날 때마다 교육 혜택을 받기 힘든 아이들을 찾아갔다. 교육 소외 지역에서 인공지능과 로보틱스를 활용한 실험 기반의 수업을 시도했는데, 이안도 종종 아버지를 따라갔다. 이안은 아버지의 보조 역할을 맡아 수업에 필요한 도구나 재료를 준비하고, 이것저것 실험하기도 하며 시간을 보냈다.

이안이 열다섯 살이 되었을 때 영화 제작 과정에 관심을 보이자, 그의 부모는 수소문 끝에 영화계 관계자들을 만났다. 그리고 아들을 영화 세트장으로 데려갔다. 이안은 그곳에서 며칠간 머무르며 영화 제작 과정을 흥미롭게 지켜봤다.

이안은 그곳에서 일할 기회를 얻고 싶어 했고, 직접 채용 담당자를 찾아가 일자리가 있는지 물었다. 채용 담당자는 "네가 아직 어려서 정식 채용은 힘들지만, 보조로 일하는 건 가능해."라고 대답했다. 이안의 부모는 아이의 의견을 존중해 그곳에 이안을 그대로 남겨두고 일주일 후에 다시 데리러 오겠다고 약속했다.

세트장에서는 이안이 상상하지 못한 일들이 일어났다. 유명 배우가 촬영하는 날에는 짧은 시간에 여러 장면을 몰아서 찍어야 했고, 수많은 스태프가 밤을 지새우는 일도 잦았다. 이안도 스태프들과 함께 밤잠을 설쳤고, 단역 배우들과 함께 바닥에 누워 자거나 제대로 식사도 못 하는 날들이 이어졌다.

일주일 후, 아들의 초췌한 얼굴을 본 아버지가 "너무 힘들면 연락하라고 했는데, 왜 그러지 않았니?"라고 묻자, 이안은 이렇게 대답했다.

"처음 며칠은 너무 힘들어서 정말 죽을 수도 있겠다고 생각했어요. 그런데 제 자신과 약속한 일주일이니까 끝까지 해보고 싶었어요. 일주일 동안 잘 견딘 덕분에 극장에서 보는 영화와 실제 제작 과정이 얼마나 다른지, 하나의 작품이 얼마나 많은 사람의 희생 끝에 완성되는지 확실히 알았어요. 앞으로 영화 세트장에 다시 올 일은 없겠지만, 제게는 정말 귀중한 경험이었어요."

이 일만 봐도 알 수 있듯이, 이안은 또래 아이들이 꺼릴 만한 불편하고 낯선 상황 속에서도 잘 적응한 것은 물론, 맡은 일에 대한 책임감도 강한 아이였다. 어릴 때부터 부모님을 따라 여러 시골 학교에서 봉사하며 많은 일들을 겪어서인지 어떤 상황에도 쉽게 무너지지 않는 단단한 내면을 갖게 된 것 같았다.

외딴 시골 학교에는 마땅히 잠잘 곳이 없었기 때문에 이안의 부모는 학교 창고를 정리해 그곳에서 잠을 청했다. 이안은 현지 아이들이 생활하는 숙소에서 함께 지냈지만, 오랫동안 씻지 못한 아이들에게서 나는 냄새 때문에 견디기 힘들어했다. 이안의 부모는 "너도 창고에서 따로 잘래?"라고 물었지만, 이안은 아이들과 함께 생활하고 싶다고 했다. 며칠이 지나자, 코가 익숙해져서인지 더는 고약한 냄새가 느껴지지 않았다. 이런 경험이 차곡차곡 쌓이며 이안의 적응력과 인내심, 책임감이 길러졌을 것이다.

미국과 중국을 오가며 생활해 온 이안의 부모는 독특한 교육 방식 때문에 주변 사람들로부터 오해를 받은 적도 많았다. 아이를 왜 학교에 보내지 않느냐고 의심의 눈길을 보내거나, 부모의 일방적인 생각이 아이를 망칠지도 모른다고 조언하는 이들도 있었다. 누군가는 아이의 사회성에 분명히 문제가 생길 거라고 걱정하기도 했다. 하지만 이안의 부모는 이런 말들에 흔들리지 않았다.

한 가지 특이한 점은, 이 부부가 어디를 가든 항상 함께 움직인다는 사실이다. 스탠퍼드 학기 중에는 실리콘밸리에서 생활하고, 상하이로 갈 때도 늘 함께 이동했다. 교육 봉사를 갈 때도 가족이 함께였다. 그래서인지 가족 간의 유대감이 무척 돈독했다. 아내가 베이징에서 방송 촬영을 할 때면 남편은 기꺼이 아내의 가방을 들어주며 동행했고, 남편이 학기 중에 출장을 가야 하거나 새로운 교육 프로젝트를 위해 이동해야 하면 아내도 당연히 따라갔다. 물론 이안도 언제나 함께였다.

이안은 어릴 때부터 스탠퍼드 대학원 강의실 한쪽에 앉아 아버지의 강의를 들었다. 아버지가 실리콘밸리 내 여러 벤처 기업 사람들과 회의할 때면, 회의실 근처에서 수학 문제를 풀거나 책을 읽으며 시간을 보내곤 했다. 그렇게 스탠퍼드를 오가는 수많은 전문가의 생생한 대화를 옆에서 직접 들을 수 있었다. 그래서인지 이안은 또래 아이들보다는 의젓하고 박식한 모습을 보였다.

한번은 이안의 아버지가 '인공지능과 미래 교육'이라는 주제로 5천여 명의 학생들 앞에서 강연한 적이 있었다. 강연이 끝나고 학생 중 한 명이 "교수님은 자녀를 어떻게 교육하셨는지 궁금합니다!"라고 질문했다. 이안의 아버지는 언젠가 이런 질문을 받을 거라고 예상이라도 한 것처럼 여유 있는 미소를 띠며 "제 아들이 지금 이 자리에 있습니다. 아이를 무대로 데려와 직접 들어볼까요?"라고 말했다.

무대 위로 올라간 이안은 자신이 그동안 어떻게 자랐는지, 왜 학교에 다니지 않는지, 이제까지 어떻게 공부했고, 지금은 무엇을 배우는 중인지 차분하게 설명했다. 이안 역시 언젠가는 이런 상황이 올 수 있다고 생각해 미리 연습해 두긴 했지만, 수천 명의 관중 앞에 서는 건 두렵고 긴장되는 일이었을 것이다.

이안이 무대에서 내려오자, 나는 그에게 다가가 어깨를 두드리며 "잘했어, 떨리지는 않았니?"라고 물었다. 이안은 처음에는 두렵고 떨려서 무대에 올라가고 싶지 않았다고 했다. 하지만 이런 기회는 다시 오지 않을 수도 있다는 사실을 잘 알기에 용기를 내고 싶었다고 했다. 그러고는 "아버지도 처음에는 사람들 앞에 서는 일이 쉽지 않으셨대요. 하지만 두려움은 이겨내는 것이지 피하는 게 아니라고 말씀하셨어요."라고 덧붙였다.

나는 카자흐스탄 정부와 함께 진행 중인 '인공지능과 창업 교육 프로젝트'에 이안을 정식 팀원으로 참여시킬 계획이다. 왜냐하면 미래 인재에게 꼭 필요하다고 생각하는 역량을 이 아이가 고르게 잘 갖췄기 때문이다.

움직이는 학교와 가정 학교

이안처럼 '6C 역량'을 고르게 갖춘 아이들은 내가 만나는 모든 학생 중 약 3퍼센트에 불과하다. 이안 같은 아이들을 만나기 어려운 이유는, 전통적인 교육 체계 속에서는 6C 역량을 기르기가 쉽지 않기 때문이다. 6C 역량은 학교 수업이나 시험으로 얻어지는 것이 아니다. 이 역량은 학생의 가능성을 이해하고 개별적인 성장 방향을 함께 고민하는 교사, 일관된 교육 철학을 가진 부모, 지속적으로 긍정적인 영향을 주는 멘토와의 관계 속에서 자연스럽게 길러진다.

나는 이안의 아버지에게 이렇게 말한 적이 있다.

"이안의 성장 과정을 보면, 삶에서 배우는 힘이 얼마나 큰지 느낄 수 있어요."

이 말에는 부모의 교육 철학이 아이에게 얼마나 큰 영향을 미칠 수 있는지 실감했다는 의미도 담겨 있다. 물론 부모를 따라 세계 곳곳을 다니는 동안 이안에게도 힘들고 지치는 순간이 많았을 것이다. 그러나 다양한 문화를 경험하고, 부모와 일상을 함께하며, 타인을 돕는 봉사 활동에 참여한 시간들은 그 무엇과도 바꿀 수 없는 소중한 자산이 되었을 것이다.

이안의 사례처럼, 부모의 일관된 교육 철학 아래 아이가 잘 성장한 경우를 가리킬 때, 나는 '움직이는 학교' 또는 '가정 학교'라는 표현을 사용한다.

'움직이는 학교'란 정해진 교실이나 시간표에 얽매이지 않고, 아이가 직접 경험하고 탐구하는 과정을 중심으로 한 학습 환경을 뜻한다. 여행, 문화 체험, 봉사 활동, 체험형 프로젝트 등 실제 삶에서 일어나는 모든 경험이 곧 배움으로 이어진다. 부모와 주변 멘토들은 아이와 항상 함께하며 필요할 때마다 방향을 잡아주는 역할을 한다. '움직이는 학교'의 핵심은 아이가 주도적으로 배우고, 스스로 삶을 설계하며 성장하는 능력을 키워주는 데 있다.

'가정 학교' 또한 비슷한 맥락에서 이해할 수 있다. 가정 학교는 가정을 중심으로 부모와 아이가 함께 학습하는 환경을 뜻한다. 단순히 '집에서 공부한다'는 의미를 넘어, 전통적인 학교 수업을 보완하는 일상 속 다양한 경험, 독서와 토론, 실험 등을 통해 아이의 호기심과 잠재력을 자연스럽게 끌어낸다. 부모가 의미 있는 질문을 던지고, 아이와 함께 탐구하며 대화를 나누는 동안 아이는 배움의 본질에 더 가까이 갈 수 있다.

이런 교육 방식에서 가장 중요하게 여기는 것은 아이의 성적이나 학업 성취가 아니라, 아이가 학습을 대하는 태도와 사고의 깊이다. 그렇기 때문에 '움직이는 학교'나 '가정 학교'는 기존의 학교 교육이 채워주기 어려운 부분을 보완하며 놀라운 힘을 발휘할 수 있다.

대한민국 교육이
변해야 하는 이유

　대한민국 교육이 과열된 데에는 여러 복합적인 이유가 있을 것이다. 한국 사회는 변화에 민감하게 반응하며, 새로운 환경에 빠르게 적응하는 능력 또한 뛰어나다. 까다롭고 복잡한 문제를 자신만의 방식으로 해결하고, 기존의 것을 새로운 방식으로 발전시키는 '재창조'의 역량 역시 세계적으로 손에 꼽을 만하다. 다양한 분야에서 최고 수준의 전문가를 배출하는 비율이 인구수에 비해 매우 높은 것도 한국 특유의 역동성을 보여주는 좋은 예일 것이다.

　그러나 모순적이게도, 한국 특유의 교육열과 역동성은 교육의 위기와도 맞닿아 있다. 교육 관련 전문가들이 모여 의견을 나누는 자리에 참석할 때마다 빠지지 않고 등장하는 주제가 바로 '한국 교육의 위기와 해법'이다. 한국의 현실을 걱정하는 이들이라면 공교육이 무너지고, 경쟁과 입시에 지나치게 몰입한 나머지 교육의 본질이 흐려졌다는 사실에 대부분 공감할 것이다. 그렇지만 이런 문제들을 어디서부터 어떻게 바로잡아야 할지에 대해서는 의견이 잘 모아지지 않는다.

일관성과 방향성이 부족한 교육 정책도 그 이유가 될 수 있지만, 그보다는 교육을 둘러싼 사회적 기대와 현실적 제약이 복잡하게 얽혀 있다는 점이 더 근본적인 원인일지도 모른다. 아이들을 둘러싼 수많은 이해관계와 기준이 충돌하는 상황에서, 교육은 종종 본질보다는 타협의 산물로 전락하곤 한다.

교육은 과거나 현재의 지식을 전달하는 것뿐만 아니라, 아이들이 미래 사회에 적응할 수 있는 능력을 키워주는 토대가 되어야 한다. 입시 중심의 교육은 단기간의 성과를 내는 데는 효과적일 수 있지만, 학생들의 자율성이나 창의성, 공동체 의식 같은 근본적인 교육적 가치는 흐려지게 만든다. 이로 인해 학생들은 학습에서 즐거움이나 의미를 찾지 못하고, '다음 단계로 올라가기 위한 도구' 정도로 인식할 뿐이다. 교육이 사람을 선별하고 순서를 매기는 시스템처럼 작동하는 것이다.

교육은 시대적 과제와도 깊이 맞물려 있다. 시대가 변하면 교육의 방향도 같이 바뀌어야 하고, 그에 맞는 성찰과 조율 역시 뒤따라야 한다. 그러나 지금 한국 교육은 문제를 인식하면서도 여전히 익숙한 길을 답습하고 있다는 점에서 안타까움을 넘어 위기의식을 느끼게 한다. 새로운 대안을 찾는 실험과 논의는 늘고 있지만, 여전히 본질적인 변화에는 이르지 못하는 현실이다.

자녀의 가능성을 놓치는 부모들

오랫동안 알고 지낸 한 부부가 있다. 결혼 초기부터 가까이서 지켜본 부부이기에 그들의 자녀에게도 자연스럽게 관심이 갔다. 그래서 혹시 도움이 된다면 아이의 미래에 관해 몇 마디 조언이라도 해주고 싶은 마음이었다. 하지만 가까운 사이라서 더 조심스럽고 신중할 수밖에 없었다. 안정적인 직장에서 성실히 일해온 남편과 대학병원에서 간호사로 근무하는 아내가 원하는 점이라면 '하나뿐인 아들을 잘 키우는 것'뿐이었다.

최근 이 부부는 고등학교 진학 상담을 받으러 아이의 학교에 갔다. 그런데 학교 측으로부터 들을 수 있었던 말은 "학원에 가서 진학 상담을 받아보세요."라는 것뿐이었다. 학교보다는 학원이 더 자세한 방향을 알려줄 수 있다는 이유였다. 아이는 수학에 뛰어난 재능을 보였기에 특목고 진학을 고민했지만, 학교는 유명 학원의 특목고 진학대비반 수업을 들은 후에 판단하라고 조언할 뿐이었다. 부모는 실망감을 감추지 못했다. 함께 아이의 진로를 고민하고 싶었던 기대가 무너졌기 때문이다.

사실 아이 엄마에게는 오랫동안 간직해 온 꿈이 하나 있었다. 산림치유지도사가 되어 매일 숲속을 걸으며 자연을 느끼고, 사람들에게 위로를 전하는 것이다. 그녀는 산림치유지도사가 되고 싶은 이유를 '도시의 숨 막히는 일상과 스트레스에서 벗어나고 싶은 마음' 때문이라고 솔직하게 털어놓았다. 한편, 아이 아빠는 회사에서 준비한 '은퇴 준비 워크숍'을 다녀온 후, 언제 해고당할지 모른다는 걱정과 불안감 때문에 힘들다고 이야기했다.

나는 혹시 미국의 글로벌 기업으로 이직 준비를 해볼 생각이 없는지 조심스럽게 물었다. 아이 아빠의 뛰어난 영어 실력을 알고 있었기에 실전 영어를 조금 더 준비해서 도전해 보면 좋을 것 같았다. 나는 미국의 독특한 기업 문화와 의사결정 방식을 설명하며 이직을 긍정적으로 고려해 보라고 조언했다. 또한 아이 엄마에게는 지금이라도 새로운 꿈을 향해 한 걸음씩 나아가 보라고 격려했다. 대화를 나누는 동안 부부의 얼굴에 잠시나마 희망이 스치는 것 같았다. 그러나 그것도 잠시였을 뿐, 그들은 결국 어떤 결정도 내리지 못했다. 그리고 다시 익숙한 불안과 무력감 속으로 돌아갔다.

부부의 아이를 미국으로 데려와 직접 지도하고 싶은 생각도 있었다. 뛰어난 수학 실력은 물론 따뜻한 심성과 집중력, 유연한 사고력 등 세계적인 인재로 성장할 가능성을 고루 갖춘 아이였기 때문이다. 아이에게 도움이 될 만한 도전 과제들이 생각났지만 쉽게 입을 열 수 없었다. 아이를 직접 지도해 보고 싶은 바람은 결국 현실로 이어지지 못했다. 한국의 여느 또래들처럼 아이 역시 방과 후와 주말이면 학원에서 학원으로 옮겨 다니는 바쁜 일상을 보냈다. 어쩌면 익숙한 환경 속의 일상이 부모에게도, 아이에게도 안전한 선택처럼 느껴졌을 것이다.

이 일은 내 가슴에 한동안 안타까움으로 남았다. 성실하고 선하며 아이를 아끼는 마음이 누구보다 깊은 부부였지만, 그들의 얼굴에서는 좀처럼 기쁨이나 여유를 찾아보기 어려웠다. 늘 무언가에 쫓기듯 바쁘게 살아가며 작은 일에도 쉽게 지쳐버리는 것 같았다. 사회가 강요하는 방식과 속도를 따라가느라 새로운 가능성을 펼칠 기회를 잡지 못하는 모습은 마치 대한민국의 현실을 보여주는 축소판 같았다.

누군가는 내가 미국에서 오랫동안 생활한 탓에 한국의 교육 현실을 세세한 부분까지 잘 알지 못한다고 생각할 수도 있다.

물론 그런 지적도 일정 부분 수긍할 수 있다. 하지만 빈민촌부터 세계 최고 수준의 학교까지 수많은 교육 현장을 직접 관찰하고 경험했기에 누구보다 객관적인 시선으로 본질을 들여다볼 수 있는 것도 사실이다.

교육은 '한 사람의 삶을 어떻게 바라볼 것인가?'라는 질문과 닿아 있다. 이 질문을 한국 교육에도 그대로 적용해 보면 마음이 무거워진다. 많은 부모가 '남들보다 뒤처지면 안 된다'는 불안감 속에서 자녀가 가진 가능성을 놓치고 만다. 학생들은 학습의 근원적인 즐거움을 느끼지 못하고 끊임없이 누군가와 경쟁하는 학창 시절을 보낸다. 이렇게 획일적인 구도 속에서 모두 같은 방향으로 달려간다면, 머지않아 도착할 목적지는 우리의 상상이나 바람과는 전혀 다른 곳이 될 가능성이 크다.

공부의 진짜 이유를 찾아라

한국 교육의 현실에서 가장 근본적인 문제는 '왜 공부하는가?'라는 질문에 명확한 답을 제시하지 못한다는 점이다. 많은 아이가 좋은 대학에 진학하기 위해, 안정적인 직장을 얻기 위해, 부모님과 선생님의 기대에 부응하기 위해 공부한다고 말한다. 그러나 이런 이유들은 아이들 자신의 고민에서 비롯된 것이 아니라는 점에서 한계가 있다. 어디까지나 외부적이고 수동적인 이유일 뿐이다.

실제로 진정한 배움은 아이들이 스스로 관심이 가는 것을 자연스럽게 따라갈 때, 그리고 배움이 실제 세계와 연결될 때 가장 강력하게 일어난다. 앞서 소개한 이안의 사례가 그 대표적인 예다. 이안은 부모를 따라 티베트나 중국의 시골 마을에서 봉사에 참여하며 공감 능력과 책임감을 키웠다. 또, 영화 세트장에서의 생생한 경험을 통해 어떤 분야든 눈에 띄는 성과 뒤에는 많은 사람의 보이지 않는 노력과 희생이 있다는 교훈도 얻었다.

이런 경험은 교실 안에서 일어나는 지식 전달보다 훨씬 지속적인 학습 효과를 이끌어낸다. 스스로 질문하고 탐구하고 발견하는 과정을 통해 아이들은 학습의 진정한 기쁨과 성취감을 경험할 수 있다. 더 나아가, 자신의 행동이 세상에 어떻게 기여할 수 있는지 직접 보고 느끼도록 돕는 것도 중요하다.

개인적인 성공은 단기적인 목표는 될 수 있어도, 지속 가능한 학습 동기를 형성하지는 못한다. 교육의 목적은 개인적인 목표 달성과 동시에 자신이 속한 공동체와 사회, 나아가 인류 발전에 헌신할 수 있는 역량과 감수성을 기르는 데 있다.

2장

미래 인재는
어떤 역량을 갖춰야 할까

"다양성은 우리의 장점을 드러내고
창의성은 우리의 가능성을 끊임없이 확장한다."

존 마에다 John Maeda, 디자이너이자 혁신가

교육 혁신 분야에서 잘 알려진 작가 마크 프렌스키^{Marc Prensky}는 21세기의 청소년을 '하이브리드형 인간'이라 정의하며, '디지털 원주민^{Digital Natives}'이라는 신조어를 제시했다. '디지털 원주민'은 디지털 언어와 기술을 태어날 때부터 접하며 자란 세대로, 기존 세대와는 전혀 다른 사고방식과 가치관을 지닌 신인류이자 알파세대를 뜻한다.

프렌스키는 알파세대를 가르치기 위해서는 기존의 방식과는 다른 인식의 전환이 필요하다고 강조했다. 프렌스키와는 국제 학회에서 몇 번 대화를 나눌 기회가 있었는데, 그때마다 '디지털 환경 속에서도 인간다움을 잃지 않아야 한다'는 그의 생각에 깊은 공감을 표현했다. 다만 프렌스키가 디지털 원주민이라는 개념을 제시했던 시기는 지금처럼 인공지능이 우리 일상으로 깊숙이 들어오기 전이었다. 따라서 이제는 2022년 이후 태어난

세대를 '디지털 원주민'이 아닌 '인공지능 원주민^{AI Natives}'이라 불러야 할 것이다.

인공지능 시대에는 지식 습득이나 암기가 배움의 중심이 될 수 없다. 이 시대에는 창의적인 사고와 문제 해결력, 그리고 새로운 가치를 창조하는 역량이 중요하다. 왜냐하면 지금까지 인간의 전문성을 요구했던 많은 영역이 이제는 인공지능의 도움으로 누구나 일정 수준 이상의 결과를 빠르게 보여줄 수 있는 시대가 되었기 때문이다. 정보나 기술 자체가 희소한 자산이 될 수 없으며, 이런 변화는 '전문가'와 '비전문가' 사이의 경계를 점점 흐려지게 만든다.

그렇다면 앞으로 다가올 사회에서는 어떤 인재가 인공지능과 능동적으로 협업하며 지속적인 가치를 창출할 수 있을까? 산업혁명 시대에는 이상적인 인재상에 대한 답이 비교적 명확했다. 한 분야를 깊이 파고들어 오랜 시간 전문성을 쌓은 'I형 인재'가 사회가 요구하는 인재상에 가장 가까웠다. 그러나 4차 산업혁명과 인공지능 기술의 비약적인 발전은 전통적인 인재의 기준을 근본적으로 변화시키고 있다.

오늘날의 인공지능은 수많은 전문가가 수십 년에 걸쳐 축적한 정보와 기술을 단 몇 초 만에 분석하고, 다양한 방식으로 확산할 수 있다. 과거에는 오랜 훈련을 통해서만 습득할 수 있었던 높은 수준의 지식조차 누구나 접근 가능한 형태로 '평준화' 되고 있다.

이제는 초등학생도 마음만 먹으면 생성형 인공지능의 도움을 받아 복잡한 과학 개념이나 국제정치 이슈를 빠르게 분석하고, 청중의 수준에 맞춰 내용을 조절할 수도 있다. 그뿐만 아니라 자신의 음성과 얼굴을 합성한 가상 인물을 활용해 강연 영상을 제작하고, 가상의 청중과 실시간으로 토론하는 일까지 가능하다.

'전문성'을 바라보는 시각 역시 점점 더 다양해지고 넓어지고 있다. 이제는 누구나 전문가로 인정받을 수 있는 시대다. 따라서 인공지능을 도구로 활용하면서도 창의적인 해석과 주체적인 판단을 내릴 수 있는 역량을 기르는 것이 교육의 핵심 목표가 되어야 한다.

인공지능 시대가 요구하는
새로운 역량

인공지능이 일상이 된 시대에는 어떤 인재가 필요할까? 지금까지는 한 분야의 전문성을 갖춘 사람뿐만 아니라, 다양한 역량을 융합한 인재들도 새롭게 주목받았다. 예를 들어, 한 분야에 집중하면서도 다각도에서 사고할 수 있는 'T형 인재', 두 개 이상의 영역을 통합하는 'H형 인재', 복합적인 지식을 유기적으로 연결하는 '파이(π)형 인재', 불확실한 상황 속에서도 문제를 새롭게 정의하고 해결할 수 있는 'X형 인재' 등이다.

하지만 이제는 이런 모델만으로도 부족하다. 앞으로는 다양한 분야에 능숙한 사람뿐만 아니라, 인공지능을 능동적으로 활용하면서도 '인간다움'을 잃지 않는 사람이 주목받을 것이다. 나는 이런 인재를 '앳^{At}형 인재'라고 부른다. 여기서 '앳(@)' 기호는 이메일 주소나 SNS 계정 앞에 붙는 디지털 시대의 상징으로, 앳형 인재는 '서로 연결된 존재' 혹은 '실시간으로 참여하는 세대'를 뜻한다.

앳형 인재들은 '젠 앳$^{Gen-At}$'이라 부를 수도 있는데, 이들은 인공지능과 함께 성장하면서도 인간 고유의 감성과 공감 능력을 간직한 새로운 세대를 뜻한다. '젠 앳'은 세상에 아직 존재하지 않는 질문을 던지고, 그 해답을 상상하고, 직접 방향성을 찾아가는 이들이다.

교육 공학자로서의 오랜 연구와 현장 경험을 바탕으로, 미래 인재에게 필요한 핵심 역량을 정리했다. 지금부터는 1장에서 간략하게 소개했던 '6C 역량'에 대해 자세히 살펴보자.

- 소통 능력(Communication)
- 협력심(Collaboration)
- 비판적 사고력(Critical Thinking)
- 창의성(Creativity)
- 공감 능력(Compassion)
- 책임감(Commitment)

이 여섯 가지 역량은 인공지능이 쉽게 모방하거나 대체할 수 없는 인간 고유의 자질이다. 그리고 기술과 조화를 이루며 살아갈 미래 세대에게 반드시 필요한 능력이기도 하다. 이중에서 소통 능력, 협력심, 비판적 사고력, 창의성을 뜻하는 '4C'는 이미 오래 전부터 미래형 인재의 핵심 기준으로 자리 잡았다.

2002년, 미국의 교육 연합체 '21세기 교육을 위한 협의회[P21]'는 소통 능력, 협력심, 비판적 사고력, 창의성을 기준으로 한 교육 모델을 제안했다. 4C 모델은 이후 여러 국가의 교육 과정에 큰 영향을 미쳤다. 하지만 시대는 변했다. 기술은 이제 인간의 사고방식은 물론, 창의성까지 모방하려 한다. 이런 변화 속에서 인간만이 가진 정서적, 윤리적 역량에 대한 재조명이 그 어느 때보다 절실하다.

이제는 놀라운 아이디어나 뛰어난 논리력만으로는 충분하지 않다. 미래 교육이 추구해야 할 핵심 역량에는 타인의 감정에 공감하고, 사회적 책임을 끝까지 감당할 수 있는 성숙한 태도도 포함되어야 한다. 따라서 '공감 능력[Compassion]'과 '책임감[Commitment]'까지 포함한 6C 역량을 21세기 교육이 중점적으로 키워나가야 할 핵심 기준으로 삼아야 한다.

세계 교육의 공통적인 목표

'공감 능력'은 공동체적 감각을 일깨우고, '책임감'은 윤리적이며 지속 가능한 선택을 가능하게 한다. 이 두 가지 역량이 더해질 때, 4C 모델은 비로소 인간 중심의 6C 역량 체계로 완성된다. 실제로 이미 많은 국가에서 이 여섯 가지 가치를 교육의 핵심 방향으로 설정했다.

핀란드는 '현상 기반 학습법 Phenomenon-based Learning, PhBL'을 통해 창의성이나 협력심, 비판적 사고력을 넘어서는 교육의 본질적 의미를 강조했다. 이 학습법은 어떤 주제나 현상 phenomenon을 중심으로, 여러 과목을 넘나들며 통합적으로 학습하도록 설계되었다.

'왜 이런 일이 생겼을까?', '이 현상을 해결하려면 어떤 학문적 지식이 필요할까?' 등 실제 세상의 문제나 현상을 출발점으로 삼고, 학생 스스로 질문하고 탐구하도록 유도한다. 기존 교과 중심의 수업에서 벗어나 통합적 탐구, 학생 주도성을 강조한다는 점이 특징이다.

싱가포르는 '가치 및 역량 기반 교육 Value and Competency-Based Education'을 통해 윤리성와 책임감을 교육의 중심에 두고 있다. 교육으로 학생의 가치관, 태도, 인성, 사회적 책임감을 완성하는 것을 목표로 하는 '가치 기반 접근법'과, 학생이 지식을 습득하는 것에 그치지 않고 실제로 사회에서 요구하는 능력을 갖추고 맡은 일에 적용할 수 있어야 한다는 '역량 기반 접근법'을 융합한 것이다.

캐나다 온타리오주는 '글로벌 시민성'을 포함한 6대 핵심 역량을 실제 교육 현장에 적극적으로 도입했으며, 이 또한 6C 역량의 방향성과도 밀접하게 닿아 있다.

경제협력개발기구^{OECD}가 추진하는 '에듀케이션 2030$^{Education\ 2030}$' 프로젝트 역시 공감 능력과 책임감을 포함한 '변혁적 역량$^{Transformative\ Competencies}$'을 강조하며, 세계경제포럼^{WEF}이 제시한 '미래 유망 역량' 또한 대부분 6C 역량 체계 안에 포함된다.

인공지능과 협업하는 시대에서 인간의 경쟁력은 기술적 숙련이 아닌 인간적 깊이에서 출발할 것이다. 기술은 정보를 제공하지만, 공감 능력은 방향을 결정한다. 시스템은 선택지를 보여주지만, 책임감은 목표를 마지막까지 완성하고 공동체가 같은 방향을 향해 나아가도록 한다.

'소통'은 눈높이를 맞추면서 시작된다

'6C 역량'은 인공지능 시대에도 인간다운 인간으로 살아가기 위한 최소한의 감각이며, 기술과 인간성이 조화를 이루는 사회로 나아가기 위한 나침반 역할을 할 것이다. 지금부터는 각 역량이 실제로 어떻게 작동하는지 구체적인 사례를 통해 살펴보려 한다. 하나의 사례에서도 여러 역량이 복합적으로 작동하므로, 각 사례마다 가장 뚜렷하게 나타나는 역량을 중심으로 소개하려 한다.

먼저 '소통 능력Communication'에 대해 알아보자. 소통 능력은 자신의 생각을 효과적으로 전달하는 것을 넘어, 다양한 배경과 관점을 지닌 사람들과 의견을 나누고 공감대를 형성하는 능력을 뜻한다. 디지털 시대에는 대면 소통뿐만 아니라 다양한 플랫폼을 활용한 비대면 소통 또한 중요하다. 그러나 소통에서 가장 집중해야 할 본질은 '타인의 입장에서 세상을 바라볼 줄 알아야 한다'는 점이다. 이것은 다른 사람들과 눈높이를 맞추고 진심으로 이해하려는 의지를 나타낸다.

사례② 툴리의 이야기
신뢰부터 쌓아가는 소통의 기술

스탠퍼드 대학원 수업에 인도 출신의 한 학부생이 참여한 적이 있다. 툴리라는 이름의 이 학생은 학부와 석사를 5년 안에 함께 마치는 코텀Coterm 프로그램 소속으로, 인지과학 기반의 융합 전공 '심볼릭 시스템Symbolic Systems'을 공부하는 중이었다. 심볼릭 시스템은 인간의 사고, 언어, 논리, 표현 등을 기호로 분석하는 연구로, 툴리는 교육공학 수업을 듣는 동안 자신만의 혁신적인 교육 솔루션을 만들어보고 싶다는 포부를 밝혔다.

석·박사 과정의 학생들을 대상으로 한 '팀 프로젝트 기반'의 수업에 참여하기 위해서는 발표력과 문제 해결력, 협업 능력뿐만 아니라, '교육 불균형 문제'에 관한 관심과 타인을 향한 섬세한 공감 능력도 바탕이 되어야 한다. 아직 학부생인 툴리가 이런 수업을 신청했다는 사실이 무척 인상 깊었기 때문에, 그녀가 모든 과정을 잘 마무리할 수 있기를 바라는 마음으로 자주 대화를 나눴다.

툴리는 겸손하지만 자신감이 넘치는 학생이었다. 팀에서 가장 어린 구성원이었지만, 뛰어난 리더십과 논리적 사고력을 바탕으로 프로젝트를 적극적으로 이끌었다. 다양한 지역의 교육 사례를 분석하고 새로운 교육 모델을 설계해서 발표하는 과정에서도 그녀는 단연 돋보였다.

종강하는 날, 나는 그녀를 따로 불렀다. 그녀의 고향인 인도에서 직접 교육 프로젝트를 진행해 보는 건 어떠냐고 물었고, 그녀는 흔쾌히 프로젝트 운영을 맡아보겠다고 했다. 이 프로젝트는 모바일 기반의 교육 솔루션을 테스트하는 일을 중심으로 하며, 다양한 지역에서 데이터를 수집해야 했다.

툴리는 프로젝트의 취지를 잘 이해했고, 현지 상황을 잘 아는 안내자의 역할도 훌륭히 수행했다. 시골 학교 바닥에서 잠을 자고, 벌레와 모기에 시달리고, 깨끗한 물이 부족한 열악한 환경 속에서도 툴리는 불평 한마디 없이 자신이 맡은 일을 묵묵히 해냈다. 내 예상보다 훨씬 믿음직하고 의지가 되는 학생이었다.

프로젝트를 진행하던 어느 마을에서는 예상치 못한 난관에 부딪히고 말았다. 마을 부모들이 '여자아이 교육'에 특히 부정적인 태도를 보였던 것이다. 우리는 마을 사람들을 모아 앞으로의 계획을 열심히 설명했지만, 그들은 "여자아이가 공부한다고 해서 마을에 도움이 되는 건 없어요."라고 딱 잘라 말했다. 공부를 위해 도시로 떠난 아이들이 고향을 외면하게 될까 봐 걱정하는 것 같았다.

툴리는 마음 사람들과 우리팀 사이에서 통역사의 역할을 넘어 조율자의 역할을 해냈다. 그녀는 교육이 각 가정과 마을 공동체에 어떻게 기여할 수 있는지 진심을 담아 구체적으로 설명했고, 부모들의 마음도 조금씩 움직이기 시작했다. 이틀간의 긴 회의 끝에 우리는 아이들과 부모, 현지 조력자까지 납득할 수 있는 교육 모델을 제시할 수 있었다. 실질적인 '삼자 상생 모델 WIN-WIN-WIN MODEL'을 실현한 것이다.

툴리는 말보다는 행동으로 보여주는 사람이었다. 그녀는 일시적인 방문자가 아닌 마을 공동체의 일부가 되어 진정성 있는 대화를 이어갔다. 그녀 덕분에 우리는 이 마을에 딱 맞는 '맞춤형 모바일 교육 프로그램'을 도입할 수 있었다. 이 프로그램은 농사를 짓고 수확을 늘리는 게임 형식을 통해 파닉스, 언어, 수학, 그리고 앙트러프리더십 Entrepreneurial Leadership(창업가 정신)을 자연스럽게 배우도록 설계되었다.

모든 일정이 끝난 후, 우리는 툴리의 집이 있는 델리로 이동했다. 그녀가 팀원 모두를 자신의 집으로 초대했기 때문이다. 차량을 타고 이동하는 동안, 우리는 수많은 문을 지나 마침내 그녀의 부모님이 계신 저택으로 들어섰다. 넓은 정원과 수영장, 테니스 코트, 승마장, 골프 연습장까지 갖춘 곳이었다. 하얀 옷을 입은 직원들이 식사를 준비했고, 우리는 나무 그늘 아래 식탁에 앉아 점심을 먹었다. 그녀가 얼마나 풍요로운 환경에서 자랐는지 짐작할 수 있는 저택을 둘러보며, 나는 그녀가 열악한 환경 속에서도 단 한 번도 불편한 기색을 보이지 않았다는 사실을 떠올렸다.

그로부터 15년 후, 캐나다 밴쿠버에서 툴리를 다시 만났다. 글로벌 컨설팅 기업에 근무하던 툴리는 정기적으로 자신의 소식을 전했고, 가끔은 진로에 관한 고민을 털어놓기도 했다. 밴쿠버의 높은 물가와 출퇴근 거리 문제를 고민하는 그녀에게 나는 조심스럽게 물었다.

"부모님께 도움을 청해볼 생각은 없니?"

툴리는 잠시도 망설이지 않고 대답했다.

"부모님의 것은 부모님의 것이고, 제 삶은 제가 스스로 개척해야 해요."

그 순간, 나는 툴리가 그 어떤 어렵고 힘든 환경에 처하더라도 절대 삶의 주도권을 놓지 않을 사람이라는 사실을 다시 한번 확인할 수 있었다.

툴리의 사례는 '소통 능력'이 단순히 언어의 기술만은 아니라는 사실을 잘 보여준다. 소통 능력은 자신이 원하는 것을 표현하고, 타인의 필요를 정확히 이해하며, 관계를 원만하게 조율할 수 있는 능력이다. 툴리는 다양한 배경의 사람들과 눈높이를 맞추고 그들의 입장에 서서 신뢰를 쌓을 줄 아는 '소통의 기술'을 가진 사람이었고, 그녀의 말에는 사람의 마음을 움직이는 따뜻하지만 강한 힘이 있었다.

소통은 말이 아닌 '태도의 기술'이다. 상대방의 눈높이를 맞추고 진심으로 경청할 때, 비로소 진정한 소통이 시작되기 때문이다. 기술이 아무리 발전하더라도 사람 간의 연결은 마음에서부터 비롯된다.

'협력'은 한정된 자원을
무한한 가능성으로 확장한다

'협력collaboration'은 단순히 여러 사람이 함께 일하는 것만을 뜻하지 않는다. 회의실에 모여 있거나, 온라인 채팅방에서 의견을 나눈다고 협력이 저절로 이뤄지지는 않는다. 협력은 서로 다른 배경과 관점, 다양한 전문성을 가진 사람들이 공동의 목표를 위해 하나로 연결되는 과정이다.

예를 들어, 공동체에서 누군가는 분석을 잘하고, 누군가는 사람을 설득하는 데 능숙하다고 가정해 보자. 서로의 장점을 인정하고 조율하며 역할을 나눌 때, 단순한 분업을 넘어서는 의미 있는 시너지가 발생한다. 누군가는 먼저 손을 내밀고, 누군가는 갈등을 중재하며, 누군가는 흐름을 정리한다. 이처럼 서로의 차이를 조율하고, 연결 지점을 찾아가려는 능동적인 태도 없이는 진정한 협력은 불가능하다.

협력은 우연히 주어지는 선물이 아니다. 요즘처럼 온라인과 오프라인을 넘나들거나, 문화와 세대의 경계를 가로지르며 함께 일하는 시대에는 끊임없는 소통의 노력이 필요하다. 때로는 부딪히고, 때로는 이견을 조율하며 집단의 지혜를 한데 모아가는 과정에 협력의 가치가 있다. 협력을 통해 우리는 혼자였다면 상상도 못 했을 방식으로 문제를 해결하고, 홀로는 절대 도달할 수 없었던 결과에 함께 도달할 수 있다.

사례③ 안쉬의 이야기
비전을 보여주고 협력자를 만드는 과정

안쉬를 처음 만난 건 늦여름 무렵이었다. 그는 실리콘밸리 한복판에 있는 비영리 교육단체 팀포테크^{Team4Tech}의 행사장 한 구석에 조용히 앉아 있었다. 키가 크고 마른 체형, 두꺼운 검정 안경테에 뽀글뽀글한 머리는 '코딩을 좋아하는 전형적인 고등학생'의 모습이었다.

안쉬의 아버지는 실리콘밸리에서 소통 관련 앱을 성공적으로 출시한 프로그래머다. 매일 밤 코딩에 몰두하는 아버지를 보며 안쉬도 자연스럽게 프로그래밍 세계에 발을 들였다. 안쉬 가족은 '부모가 자신의 일을 진심으로 대하는 모습이야말로 아이에게 가장 자연스럽고 강력한 본보기가 될 수 있다.'는 사실을 잘 보여주는 사례이기도 하다.

안쉬의 아버지는 자녀 교육에서도 자신만의 확실한 철학을 가진 사람이었다. 그는 결과보다는 과정을, 성과보다는 실패를 중요하게 생각했다. 학교 공부를 잘하는 것보다는 남들이 도전하지 않는 일에 과감히 뛰어들어 부딪히고 넘어지고 다시 일어나는 과정을 가치 있게 여겼다. 안쉬의 아버지 역시 앱을 개발하며 수없이 실패를 경험했고, 실패를 거쳐 얻어낸 성공의 가치를 누구보다 잘 알고 있었기 때문이다.

팀포테크에서는 아프리카 우간다에서 진행하는 기술 교육 프로젝트를 준비 중이었다. 안쉬의 아버지는 이 프로젝트에 자문위원으로 참여하며 아들과 동행했다. 나 역시 팀포테크의 이사로 활동하며 평소 청소년들의 참여를 적극 권장해 왔는데, 학교를 며칠 빠지더라도 낯선 환경에서 직접 보고, 듣고, 느끼는 경험이 아이들의 삶에 훨씬 큰 영향을 줄 수 있다고 믿기 때문이다.

안쉬는 이 프로젝트에 참여하며, 우간다 외곽 지역의 충격적인 현실과 마주했다. 그동안은 자신과 관계없는 일이라 생각했던 가난, 빈곤, 성별 격차, 높은 실업률 같은 문제들을 현실로 느낀 날이었다. 안쉬는 이런 문제들이 뉴스에서나 접하는 먼 나라의 이야기가 아닌, '인류가 함께 해결해야 할 과제'라는 사실을 받아들였다. 안쉬는 특히 현지 여성들의 낮은 지위와 높은 실업률 문제에 주목했다.

현지 협력 단체와 회의하는 중에 안쉬가 조심스레 물었다.

"이곳의 여성들도 핸드폰을 가지고 있나요?"

"요즘은 대부분 한 대쯤은 가지고 있어요."

협력 단체의 스태프가 대답했다.

"그러면 그분들에게 일자리를 연결해 주는 앱을 만들어보면 어떨까요?"

회의장에 잠시 정적이 흘렀다. 안쉬의 제안은 다소 엉뚱하게 들릴 수도 있었지만, 그의 말에는 진심이 담겨 있었다. 안쉬는 아직 배우는 단계의 개발자였지만, 다른 이들의 어려움을 외면하지 않고 자신이 할 수 있는 일을 고민했다.

우간다 시골 마을의 환경은 열악했다. 인터넷이 툭하면 끊기고, 전기는 하루에 몇 시간만 사용할 수 있었다. 화장실은 땅을 파서 만든 구덩이였고, 모기를 비롯한 갖가지 해충들이 쉴 새없이 사람들을 괴롭혔다. 안쉬는 밤마다 모기장 안에 앉아 노트에 생각을 정리했고, 실리콘밸리로 돌아오자마자 우간다 여성들을 위한 앱 제작 작업을 시작했다.

안쉬가 만든 첫 번째 모델은 기술적인 문제 때문에 제대로 실행조차 되지 않았다. 화면은 금세 멈췄고, 어떤 반응도 없었다. 유능한 개발자인 아버지에게 도움을 청할 법도 했지만, 안쉬는 쉬운 길을 선택하지 않았다. 안쉬의 아버지 역시 섣불리 나서지 않았다. 아들의 제작 과정을 옆에서 조용히 지켜볼 뿐이었다. 아들이 스스로 부딪히고 실패하며 배우기를 바랐기 때문이다.

안쉬는 수백 번 코드를 고치며 시도하고 또 시도했다. 개발자들이 정보를 얻기 위해 찾아가는 플랫폼 '깃허브GitHub'와 '스택오버플로Stack Overflow'에 글을 남겼고, 얼굴도 모르는 개발자들에게 메시지를 보내 도움을 요청했다. 개발자들 대부분은 답이 없었지만, 간혹 돌아오는 짧은 조언이라도 붙들고 문제를 하나씩 해결했다. 시간이 흐른 뒤, 그 순간을 돌아보며 안쉬는 이렇게 말했다.

"제가 배운 건 코딩 기술뿐만이 아니었어요. 사실, 제가 모른다는 것을 솔직히 인정하고, 얼굴 붉히지 않고 뻔뻔하게 물어보는 용기를 얻은 게 가장 의미 있는 일이었어요."

안쉬가 제작하려 했던 건 우간다 여성들이 생계를 이어갈 수 있도록 지역 일자리를 연계하고, 서로 연락할 수 있는 서비스를 제공하는 앱이었다. 복잡한 기술이 필요한 일은 아니었지만, 사용자들의 신뢰를 얻을 수 있고, 실제로 잘 활용할 수 있는 앱을 만드는 과정은 쉽지 않았다. 현지 비영리단체^{NGO} 관계자들과 시차를 맞춰 통화할 때마다 안쉬는 자신이 개발하려는 앱을 설명하고 테스트하는 과정을 반복했다.

주변 사람들은 "앱 하나 개발한다고 좋은 대학에 갈 수 있어?" "그걸로 돈은 벌 수 있어?" "학교 공부는 괜찮아?" "부모님이 도와주시는 거야?"라고 묻기도 했다. 그러나 안쉬는 이런 말에 쉽게 흔들리지 않을 만큼 강한 목적의식을 가진 사람이었다. 우간다에서 직접 경험한 일들이 그의 마음속에 책임감이라는 이름으로 자리 잡았기 때문이다.

안쉬는 자신의 프로젝트에 작은 힘이라도 보탤 사람들을 찾아다녔다. 주변 사람들의 힘을 빌려 조금이라도 도움을 줄 수 있는 사람을 수소문하고, 때로는 처음 만난 이에게도 자신의 프로젝트를 설명하며 동참해 주기를 부탁했다. 가만히 앉아만 있어서는 아무 일도 일어나지 않는다는 사실을 잘 알고 있었기 때문이다. 안쉬가 계속 움직이고, 설득하고, 손을 내밀자 그의 곁에는 하나둘씩 사람들이 모이기 시작했다.

안쉬는 우간다의 현실을 가장 잘 아는 사람들을 만나 우간다 여성들의 스마트폰 사용 실태를 조사하고, 데이터 비용과 문자 해독 수준까지 다양한 요소를 검토했다. 안쉬는 사람들의 이야기를 경청하며 앱의 기능을 현지 여성들의 눈높이에 맞춰 조금씩 수정해 나갔다. 처음에는 혼자 시작한 일이었지만, 안쉬는 어느새 여러 팀원들과 아이디어를 나누고 그들의 피드백을 반영하는 조율자의 역할을 하고 있었다.

우간다에서는 대면 중심의 오프라인 협력에 집중했고, 앱 개선 과정에서는 사용자들이 메시지를 더 쉽게 주고받을 수 있도록 수정했다. 또한 앱 관리를 도와주는 플랫폼 '굽슈Gupshup' 등을 활용해 사용 범위를 확장했다. 여기서 더 나아가 여성들이 스스로 정보를 찾아 활용할 수 있도록 챗봇 기능까지 개발했다.

안쉬의 경우를 봐도 알 수 있듯이, 누군가 도와주기를 기다리는 소극적인 태도로는 협력을 이룰 수 없다. 먼저 자신의 비전을 제시하고, 사람들을 그 안으로 초대해 함께 목표를 완성하는 과정이 협력이다. 협력은 의도적이고 자기주도적이어야 하며, 가능한 모든 자원을 연결하며 확장되어야 한다.

안쉬는 마침내 우간다 여성들이 활용할 수 있는 '일자리 검색 및 취업 지원 앱'을 개발하는 데 성공했다. 이 앱은 입소문을 탄 후 많은 여성에게 실질적인 도움을 제공했고, 우간다 정부 기관에서는 공식적으로 안쉬의 앱을 소개하기도 했다. 이 경험을 바탕으로 안쉬는 실리콘밸리에서 나와 함께 공동 창업을 하기에 이르렀다.

첫 사업계획 발표회에 여러 투자자를 초대했고, 안쉬는 그들 앞에서 앞으로의 계획을 이야기했다. 투자자들의 냉철한 질문이 이어졌고, 나는 발표장 뒤에서 안쉬에게 가볍게 턱을 들어 보이며, '긴장하지 말고 계속해도 괜찮아.'라는 신호를 보냈다. 무사히 발표를 끝낸 안쉬는 작게 한숨을 내쉬며 "생각보다 쉽지 않네요."라고 중얼거렸다. 나는 "중요한 건 네가 끝까지 포기하지 않았다는 거야."라고 말하며 그를 격려했다.

안쉬는 이 모든 과정을 대학 입학을 준비하는 에세이에 담았다. 그는 자신의 에세이에 앱 개발을 통해 겪었던 일들과 실패와 배움의 순간, 앞으로의 각오까지 모두 담았다.

안쉬는 스스로를 다양한 조력자들과 연결하며, 문화와 기술, 사람을 넘나드는 새로운 협력 모델을 만들어냈다. 그는 능동적인 네트워킹과 문화적 감수성, 책임감을 바탕으로 한 실행을 통해 개인의 성장을 넘어 공동의 변화를 이끌었다. 이런 역량은 앞으로 펼쳐질 인공지능 기반 사회에서 점점 더 중요한 자산이 될 것이다.

안쉬의 경험은 인간과 인공지능이 협력하는 시대에 적합한 융합적 모델을 잘 보여준다. 이제는 개발자 혼자 코드를 짜는 것만으로는 혁신을 이룰 수 없다. 사람과 사람, 기술과 사람, 그리고 지역과 사회를 잇는 네트워크 속에서 서로의 자원과 역량을 연결해 새로운 가치를 창출하는 시대이기 때문이다. 협력은 한정된 자원을 무한한 가능성으로 확장시킨다. 그리고 이제, 내가 떠난 스탠퍼드라는 놀이터가 안쉬의 새로운 놀이터가 되어, 그가 더 넓은 세상으로 나아가는 발판이 되고 있다.

'비판적 사고'는
낯선 질문에서 시작된다

　'비판적 사고Critical Thinking'는 겉보기에는 당연해 보이는 일에도 한 번 더 "왜?"라고 물을 수 있는 용기에서 시작된다. 인공지능이 정보를 쏟아내는 시대에는 주어진 사실을 그대로 받아들이는 것만으로는 더 나은 가치를 창출할 수 없다. 방대한 정보를 걸러내고, 의심하고, 재해석하며, 새로운 질문으로 이어가는 과정이 필요하다.

　비판적 사고는 정해진 답을 빨리 찾는 능력이 아니라, 끊임없이 의문을 품고 다양한 관점에서 생각을 확장하는 힘이다. 지식의 양보다는 사고의 깊이가 더 중요한 앞으로의 시대에 특히 필수적인 역량이다. 질문하는 태도는 단순히 오류를 찾아내는 것을 넘어, 숨겨진 문제를 드러내고 새로운 가능성을 탐색하는 출발점이 된다. 결국 비판적으로 사고할 수 있는 사람만이 복잡하고 불확실한 미래 속에서도 스스로 길을 개척할 수 있다.

사례④ 지아의 이야기
질문으로 생각을 확장하는 힘

　오랜만에 미국을 방문한 친한 후배와 식사 약속을 잡았다. 약속 당일 후배는 "식사 자리에 딸아이를 데려가도 될까요?"라고 물었다. 나는 주저 없이 "그럼! 당연하지."라고 대답했다. 몇 년 전 후배 가족을 마지막으로 만났을 때만 해도 어린 꼬마였던 지아가 지금은 어떤 모습일지 너무 궁금했.

　후배는 약속 시간에 맞춰 잘 도착했지만, 식당 주차장이 이미 가득 차서 주차 자리를 찾느라 조금 늦겠다는 메시지를 보냈다.

　"늦어서 죄송합니다. 골목을 세 번이나 돌았지 뭐예요."

　후배가 사과하는 사이, 아빠 뒤에서 지아가 불쑥 얼굴을 내밀며 인사했다.

　"안녕하세요. 저희는 진짜 약속 시간에 딱 맞춰 왔어요. 그런

데 주차장에 자리가 없었어요. 이럴 때 차를 위로 쌓을 수만 있다면 더 빨리 주차할 수 있을 텐데…."

지아는 아빠를 변호하듯 말했다. 나는 그런 지아가 귀여워서 웃으며 대답했다.

"주차 타워라는 게 실제로도 있단다. 자동차용 엘리베이터처럼 생긴 것 말이야."

그러자 지아는 눈을 반짝이며 대답했다.

"맞아요. 한국에서도 봤어요. 그런데 사람이 차에서 내리면 차가 알아서 주차 타워 자리를 찾아 주차하고, 나중에 스마트폰으로 부르면 내 앞으로 알아서 와주면 더 좋겠어요."

그 말을 들은 나는 잠시 멈칫했다. 지아가 말한 것과 유사한 시스템이 존재하긴 했다. 실험적으로든, 상용화 초기 단계로든 말이다. 하지만 지아는 기술적 가능성만을 묻는 것이 아니었다. 이렇게 기술이 발전한 시대에 왜 '당연히 있을 법한 것'이 실제로는 없는지 궁금했던 것이다. 이 짧은 대화만으로도 지아가 이공계 출신의 영재인 아빠를 많이 닮았다는 사실을 알 수 있었다. 동시에 지아는 대부분의 부모가 다소 부담스러워하는 '엉뚱한 질문을 끊임없이 던지는 아이'인 것 같았다.

식당 안으로 들어가 자리를 잡고 앉으니, 서빙 로봇이 조용히 다가와 음식을 나르기 시작했다. 마치 고양이처럼 느릿하게 움직이는 로봇을 바라보던 지아가 중얼거렸다.

"로봇이 그냥 음식만 나르면 재미없어요. 테이블에 와서 소스를 원하는 대로 척척 섞어주거나, 면을 직접 뽑아주는 기능이 있다면 손님들이 더 좋아하지 않을까요?"

이쯤 되자 확신할 수 있었다. 지아는 그냥 '귀엽고 말 많은 아이'가 아니었다. 지아는 끊임없이 관찰하고 질문하는 아이였다. 그녀의 질문은 한 번의 호기심에서 끝나지 않고, 생각이 꼬리에 꼬리를 물고 이어졌다.

비판적 사고의 핵심은 모든 주장과 정보에 내재된 가능성을 의심하고 다시 검토하는 데 있다. '왜 그렇게 생각하는가?' '그 주장의 바탕에는 어떤 전제가 깔려 있는가?'와 같은 질문을 통해 우리는 표면 너머의 본질을 볼 수 있다. 그리고 이런 질문을 던질 때는 우리가 익숙하다고 여겨왔던 '상식'이나 '통념'에 의문을 제기할 수 있는 용기가 필요하다.

"음식의 맛을 측정하는 센서가 있을까요? 사람마다 좋아하는 맛이 다르니까요. 휴대용 센서를 가지고 다니면서 사진을 찍거나 음식에 살짝 갖다 대면, 내가 좋아하는 맛인지 아닌지 알려주는 시스템이 있다면 얼마나 좋을까요?"

마치 창의력 마라톤을 함께 달리는 것 같은 시간이었다. 하지만 지아의 생각이 그저 엉뚱한 상상만은 아니었다. 아이의 질문은 대부분 당연하게 받아들이는 관습, 뻔한 선택, 익숙한 방식이 정말 당연한 것인지 되묻는 것들이었다. 지아 아빠는 딸의 말에 긍정적으로만 반응하지는 않았다. 오히려 미심쩍은 부분을 날카롭게 지적했다.

"그건 기발하긴 한데, 비용이 너무 많이 들지 않을까?"

"그렇게 하면 유지보수가 어렵지 않을까?"

"만약 그 시스템이 고장 나면 누가 책임질 수 있을까?"

지아는 아빠의 지적에도 전혀 움츠러들지 않고, 다시 새로운 질문을 이어갔다.

"그럼 이런 방식은 어때요?"

"그럴 땐 이렇게 하면 안 되나요?"

아빠와 딸의 대화는 생산적인 논쟁이자, '생각의 확장을 위한 브레인스토밍'에 가까웠다. 아이가 아이디어를 제시하면 아빠는 '현실'이라는 경계선을 그어주고, 아이는 경계를 다시 넓혀가는 방식이다. 그들의 대화를 듣고 있으면 하루에도 발명 특허가 열 개쯤은 나올 것 같았다. 저녁 식사가 무르익을 무렵, 나는 자연스럽게 주말 계획을 물었다.

"이번 주말엔 뭐 해?"

"아직 정한 건 없어요. 지아는 집에서 그림을 그리고, 저는 테니스나 칠까 생각 중입니다."

"그럼 캠핑은 어때? 지아 나이에는 그런 게 정말 오래 기억에 남거든."

후배가 흥미를 보이자, 나는 구체적인 계획을 이야기했다.

"금요일에 공항에서 만나자. 내가 경비행기를 빌려놨거든.(나는 몇 년 전 경비행기 조종사 자격증을 취득했다.) 타호 호수 근처에 있는 콜럼비아 공항 캠핑장에 가자. 지아랑 같이 가면 정말 좋을 것 같아."

지아의 눈이 반짝였고, 후배도 흔쾌히 고개를 끄덕였다. 우리는 그렇게 다음 만남을 약속했다.

질문할 수 있는 환경이 중요한 이유

나는 캘리포니아 타호 인근의 '콜럼비아 공항 캠핑장'으로 향하기 위해 작은 경비행기를 빌렸다. 콜럼비아 공항은 규모는 작은 편이지만, 활주로 옆에 캠핑장이 바로 붙어 있어 비행과 캠핑을 동시에 즐기기에 안성맞춤인 곳이다.

공항에 도착한 우리는 짐을 정리한 다음 비행기에 올랐다. 지아는 부조종석에, 후배는 뒷좌석에 앉았다. 나는 이륙 전 점검표를 차근차근 확인한 후, 지아에게 헤드셋을 씌워주며 기본적인 조종 원리를 설명했다.

"이 조종간을 당기면 비행기가 올라가고, 밀면 내려가. 왼쪽으로 기울이면 왼쪽으로, 오른쪽으로 기울이면 오른쪽으로 회전하지."

비행기는 곧 활주로로 이동했고, 이륙 허가를 받은 뒤 스로틀 Throttle(엔진출력조절장치)을 최대로 밀며 이륙을 시도했다. 공항 관제사와 교신을 마친 다음 지역 영공 관제와 연결하고, 안정적인 순항 고도에 도달하자 지아에게 조종간을 건넸다.

"지아가 한번 조종해 볼래? 이건 고도계, 그리고 이건 자세계야. 고도를 유지하면서 방향을 조절해 봐."

지아는 조종간을 조심스럽게 움직이며 비행기의 반응을 살폈다.

"비행기가 자꾸 오른쪽으로 쏠려요!"

나는 왼쪽 러더Rudder(항공기의 꼬리 부분에 부착된 수직 방향타)를 살짝 밟으며 지아를 도왔다.

"맞아, 항공기는 아주 작은 조작에도 민감하게 반응해. 그래서 미세한 조정이 중요하지."

비행하는 내내 지아의 질문이 쏟아졌다.

"비행기 연료는 자동차 연료랑 어떻게 달라요? 왜 다른 거예요? 엔진이 달라서 그런 거예요? 연료통은 어디에 있어요? 관제사는 왜 고도를 바꾸라고 하나요?"

나는 최대한 차근차근 설명하려 애썼지만, 지아의 호기심은 끝이 없었고, 이해 속도 또한 놀라울 만큼 빨랐다.

약 1시간 후, 우리는 콜럼비아 공항에 무사히 착륙했다. 비행기를 주기장에 세운 다음, 바로 옆 캠핑장으로 짐을 옮겨 텐트를 설치하고 모닥불을 피울 준비를 했다. 화로 주변에 나무를 쌓았지만, 최근 잦은 비로 나무가 충분히 마르지 않아 불이 잘 붙지 않았다. 그러자 지아의 아빠가 나섰다.

"이런 건 제가 잘해요. 한번 해 보죠!"

지아 아빠가 여러 번 시도했지만, 우리가 준비한 장비로는 불을 붙이기 어려웠다. 비행에 필요한 장비를 챙기느라 캠핑 용품은 최소한으로 줄일 수밖에 없었던 터였다. 나는 살짝 한숨을 쉬며 말했다.

"오늘 캠프파이어는 힘들 것 같아. 고구마랑 옥수수도 못 구워 먹겠네."

그때 지아가 조심스럽게 물었다.

"비행기 연료를 나무에 뿌리면 불이 잘 붙지 않을까요?"

그 순간 나는 당황했다.

"뭐? 그런 방법은 한 번도 생각 못 했는데?"

비행기 연료를 불쏘시개로 쓰다니, 정말 생각지도 못한 발상이었다. 하지만 곰곰이 생각해 보니 시도해 볼만한 방법 같았다. 나는 비행기 날개 밑에 있는 연료 체크 밸브로 가서 연료 샘플을 조금 받았다. 그런 다음 화로에 쌓인 젖은 나무 위로 연료를 뿌린 후 불을 붙였다. 순식간에 불이 붙기 시작했고, 나무는 제대로 타올랐다. 가연성이 높은 비행기 연료가 확실히 큰 역할을 한 것이다.

"역시 지아는 상황도 잘 분석하는 데다, 문제 해결력도 정말 뛰어나구나."

나는 진심으로 감탄하며 지아를 칭찬했다. 그날 밤, 우리는 별이 쏟아지는 하늘 아래서, 지아 덕분에 잘 구운 옥수수와 고구마를 먹으며 오랜 시간 이야기를 나눴다. 지아의 질문은 끝까지 멈추지 않았다.

"챗지피티가 항상 공정한 답을 줄까요? 인공지능이 한쪽으로 기운 판단을 내린다면, 그땐 어떻게 해야 하죠?"

후배는 인공지능 개발자답게 차분하게 대답했다.

"인공지능의 편견은 알고리즘을 바꿔서 교정할 수 있어. 오히려 사람의 편견이 훨씬 고치기 어려워."

그의 말에 우리는 함께 웃었다. 맞는 말이었다.

"비행기의 무전기로 한국의 인천공항과도 통화할 수 있어요? 자동 착륙도 가능해요? 해킹당할 수도 있나요?"

지아의 질문에 나는 내가 아는 범위 안에서 성실히 대답했고, 후배는 기술적인 부분을 더 깊이 있게 설명했다. 피곤할 법도 한데, 후배는 지아의 질문을 무시하지 않고 끝까지 진지하게 대답했다. 그 모습이 무척 인상 깊었다.

캠핑이 끝나고 며칠 뒤, 지아에게 커다란 캔버스와 아크릴 물감 세트를 선물했다. 지아는 신이 나서 그림을 그리기 시작했다. 나는 지아가 사고의 폭을 스스로 넓히며, 끊임없이 질문을 던질 줄 아는 아이라고 생각했다. 이런 능력은 교실에서 배우는 것이 아니라 생활 속 경험을 통해 자연스럽게 길러진 것이다. 또한 지아 곁에는 언제나 함께 고민하고 의견을 나누는 아빠가 있었다.

비판적 사고는 그동안 없었던 질문을 던지는 힘이다. 지아의 모습은 바로 그 본질과 닿아 있다. 우리에게 너무 익숙해서 당연하게 생각하는 것들에 "왜?"라고 되묻는 용기다. '왜 차가 혼자 주차하지 못할까?' '로봇이 지금보다 더 매력적인 일을 할 수는 없을까?' '챗지피티는 공정할까?' 같은 질문들은 기존의 틀을 벗어나 새로운 가능성을 탐색하려는 시도로 연결된다. 그리고 지아의 아빠는 아이의 질문을 제한하지 않고 오히려 격려했다. '비용이 너무 많이 들지 않을까?' '유지보수는 어떻게 할까?' 같은 현실적인 피드백은 오히려 생각의 폭을 넓혀주는 역할을 했다. 이처럼 질문이 또 다른 질문을 낳는 환경에서 자란 아이는 자연스럽게 비판적 사고력을 키울 수 있다.

이런 환경은 가정뿐만 아니라 교실과 직장에서도 중요하다. 다양한 질문을 자유롭게 던지고 깊이 있는 토론을 나눌 때, 진정한 배움이 일어난다. 직장에서도 '이게 정말 최선일까?' '다른 방법은 없을까?' '지금의 방식이 미래에도 유효할까?' 같은 질문을 거리낌 없이 던지고 토론할 수 있어야 한다. 이런 문화야말로 조직의 경쟁력을 키우는 토대가 된다.

나는 강연에서 종종 '질문하는 기업 문화'의 좋은 예로 구글의 내부 질문·답변 플랫폼인 '도리Dory'를 소개한다. 도리는 누구나 실명 또는 익명으로 자유롭게 질문할 수 있고, 동료들이 서로의 질문에 투표해 가장 많은 별점을 받은 것부터 리더가 답변하는 시스템이다.

비판적 사고는 결코 어렵거나 거창한 개념이 아니다. 비판적 사고는 더 나은 질문을 던지고 새로운 관점을 모색하는 과정일 뿐이며, 반드시 정답을 찾아야 하는 것도 아니다. 아이든 어른이든, 자유롭게 질문할 수 있는 환경만 마련된다면 누구나 비판적 사고를 키울 수 있다. 질문하는 힘은 교실과 기업의 회의실은 물론, 불확실한 미래를 헤쳐 나가는 모든 순간마다 창의와 성장의 원동력이 되어 줄 것이다.

'창의성'은 다른 세계로 가는 다리와 같다

'창의성Creativity'은 순간의 번뜩임이나 영감만을 뜻하지 않는다. 창의성은 익숙한 것들을 지금까지와는 다른 방식으로 연결하고, 겉보기에는 서로 무관해 보이는 요소들 사이에서 새로운 의미나 가능성을 발견하는 능력이다. 인공지능 시대에는 정보와 기술이 넘쳐나지만, 다양한 자원이 있다고 해서 저절로 창의적인 결과가 나오는 것은 아니다. 서로 다른 지식과 경험 사이의 간극을 어떻게 메울지, 어떤 가치를 만들어 낼지는 결국 인간의 몫이다.

진정한 창의성은 전혀 다른 두 개의 영역이나 완전히 다른 관점, 다양한 경험을 연결해 이전에는 없던 가능성을 여는 역량이다. 창의성은 때로 타인에 대한 공감에서 시작되기도 하고, 문제를 해결하려는 집요한 질문에서 비롯되기도 한다. 때로는 우연히 관심을 갖게 된 것들로부터 출발하기도 한다.

연결의 시작점은 다양하다. 하지만 이것이 창의성으로 잘 이어지려면 반드시 한 가지 조건이 필요하다. 바로 여러 세계를 자유롭게 넘나들 수 있는 유연한 사고방식과 생각을 연결하는 과정을 즐길 수 있는 환경이다. 그리고 이런 환경 속에서 진심으로 좋아하고, 몰입할 수 있는 활동을 만날 때 우리는 비로소 가장 '나다운 방식'으로 창의성을 발휘할 수 있다.

사례⑤ 이안의 이야기
기술적 창의성과 사회적 의미의 결합

1장에서 소개한 이안과 같은 이름을 가진 또 다른 이안이 있다. 내 가까운 동료의 아들이며, 미국의 공립 고등학교에 재학 중인 이안은 여러 과목 중에서도 특히 화학을 좋아한다. 이안은 서로 다른 물질이 만나 완전히 새로운 물질이 만들어지는 과정을 무척 흥미로워했다. 이안은 화학만큼 음악도 좋아해서 어릴 때부터 여러 악기를 다뤘고, 학교 오케스트라에서 베이스를 연주하기도 했다. 이안은 악기를 다룰 때마다 마음이 차분해지고 안정된다고 말했다. 그에게 음악은 감정을 전하는 좋은 도구였고, 화학은 세상을 이해하는 창과 같았다. 언뜻 보기에는 전혀 다른 두 영역처럼 보였지만, 이안에게는 모두 우열을 나눌 수 없이 소중한 세계였다.

이안의 부모님과 함께 식사할 기회가 있었는데, 자연스럽게 아이의 진로 이야기가 화제로 이어졌다. 대화를 나누다 보니 부모님의 바람이 분명하게 드러났다. 이안이 화학을 좋아하는 만큼, 그 분야에 집중해 과학자로 성장하길 바라는 마음이었다. 음악은 취미로 즐기길 원했는데, 현실적인 여건들을 고려할 때 직업으로는 적합하지 않다고 판단한 것 같았다. 내게는 그 말이 마치 '이제 음악은 그만두는 게 좋겠다'라는 뜻으로 들렸다.

며칠 뒤, 이안은 부모님과 함께 참석한 한 교육 관련 강연에서 인디언 보호구역에 다녀온 강연자의 이야기를 들었다. 인디언 보호구역 내 학교에는 악기가 단 하나도 없어, 아이들이 음악 수업에 참여할 기회조차 없다는 이야기였다.

이안은 큰 충격을 받았다. 음악 없는 생활이나 악기가 없어 아무것도 할 수 없는 상황을 도저히 받아들일 수 없었기 때문이다. 며칠 동안 이 문제를 고민하던 이안은 부모님께 조심스럽게 말을 꺼냈다.

"학교 오케스트라 친구들과 기금을 모아서 인디언 보호구역 학생들에게 악기를 보내면 안 될까요?"

이안의 부모님은 아이의 제안에 동의했고, 이안은 친구들과 함께 기금을 모아 중고 악기를 구입한 다음, 인디언 보호구역의 한 학교로 보냈다. 자신의 힘으로 나 아닌 다른 누군가에게 도움이 되는 일을 계획한 첫 경험이었던 만큼, 이 일은 이안에게 큰 의미로 남았다.

이안과 함께 식사하는 자리에서 물었다.

"네가 정말 좋아하는 건 뭐야?"

아이는 잠시 망설이다 대답했다.

"화학도 좋고, 음악도 좋아요. 그런데 아무래도 음악 쪽은 포기해야 할 것 같아요."

안타까운 마음에 내 목소리가 커졌다.

"그렇게 좋아하는 음악을 왜 포기해? 둘 다 하면 되잖아."

그러자 이안은 놀란 듯 되물었다.

"두 분야는 완전히 다른데요?"

"화학도 좋고 음악도 좋다면, 두 가지를 융합해 볼 수도 있지. 예를 들어, 화학 반응으로 음악을 만들어보는 건 어때?"

이안은 깊은 고민에 빠졌다. 고민하는 이안에게 나는 구체적인 아이디어를 제시했다. 환경 변화에 따라 달라지는 식물의 염분 농도, 산도, 온도, 질소 농도 등을 센서로 측정해 전기 신호로 바꾼 다음, 그 신호를 인공지능으로 분석해 음악으로 변환하는 시스템을 예로 들었다.

이안은 이 시스템과 유사한 방식으로 실험을 시작했다. 식물의 변화 대신 화학 반응을 이용해 보는 실험이었다. 실험 초기에는 의미 없는 소리만 나타났지만, 시간이 흐르며 점차 데이터와 소리가 조화를 이루기 시작했다.

나는 이안에게 초등학교 3학년 학생들이 만든 아두이노 Arduino(전자회로와 프로그래밍을 배워 전자기기나 로봇을 만드는 오픈 소스 플랫폼) 프로젝트 영상들을 여러 개 보여주었다. 굳이 "이 정도는 초등학생도 하잖아. 그러니 너도 할 수 있어!"라는 말을 덧붙이지 않아도, 이안은 내 의도를 바로 알아차렸다. 이 영상들이 그에게 강력한 자극제가 되었고, 한 달 후 이안이 먼저 내게 물었다.

"이제 다음 단계로는 뭘 하면 좋을까요?"

"이제 네가 만든 걸 다른 사람들과 나눠보자."

이안은 교회에서 만난 난민 자녀들을 위해 평소 꾸준히 교육 봉사 활동에 참여했는데, 이 아이들에게 자신의 프로젝트를 소개하고 싶다고 했다. 이안은 아이들과 함께 화학 실험을 해 본

다음, 센서와 연결된 보드에서 음악이 흘러 나오는 과정을 보여 줬다. 또한 지금까지 거쳐온 과정을 아이들과 공유했다. 이렇게 매주 토요일마다 아이들과 보낸 시간들이 쌓여 이안의 내면에는 더 뜨거운 열정이 불타올랐다.

나는 이안을 불러 다시 제안했다.

"이제 이 프로젝트를 기반으로 스타트업을 시작하거나, 논문을 써보는 건 어때?"

이안은 아직 창업은 부담스럽지만 논문에는 도전해 보고 싶다고 이야기했다. 나는 이안이 참고할 만한 논문 몇 편을 소개했고, 이안은 스스로 설문지를 만들고 실험 결과를 정리해 논문 한 편을 완성했다. 전문가 수준에는 미치지 못했지만, 끝까지 도전했다는 점에서 의미가 있었다. 웬만한 아이였다면 중간에 포기했을 정도로 어려운 과정을 이안은 끝까지 해내며 자신과의 약속을 지켰다. 그가 완성한 프로젝트는 음악 과제일까, 과학 과제일까? 아니면 창의성과 발표력, 분석력 그리고 세계시민 정신을 기르는 과제였을까? 어느 하나로만 정의하기는 어려울 것이다.

이안의 학습은 교실 밖에서 이루어졌고, 이 경험은 그에게 평생 잊지 못할 만족감을 남겼다. 나는 이안에게 스탠퍼드의 음악·기술 융합 연구소인 '카르마^{CCRMA}'를 소개했다. 카르마는

존 초닝John Chowning 교수가 1975년에 설립한 곳으로, 컴퓨터를 예술적 매체이자 연구 도구로 활용하려는 음악가와 연구자들이 모이는 공간이다. 이곳에서는 세상에 존재하지 않는 악기를 발명하거나, 사람의 움직임을 센서로 감지해 음악으로 변환하는 등의 실험이 활발히 진행되고 있다.

나는 이안에게 진지하게 말했다.

"사람들이 고민하는 길을 따라가지 말고, 네가 진짜 하고 싶은 일을 해봐. 그리고 그 경험을 더 많은 사람과 나누는 것, 그게 공부의 이유야."

하지만 같은 조언을 부모 세대에게 건네면 대부분은 이렇게 말할 것이다.

"이안 같은 아이는 정말 특별한 경우잖아요. 극소수일 뿐이에요."

그들의 말도 틀리지 않다. 이안 같은 아이는 전체 학생의 3퍼센트도 되지 않을 것이다. 하지만 나머지 97퍼센트의 방식으로 아이를 키우면서 3퍼센트의 결과를 기대하는 것 자체가 모순이다.

전 세계에서 매년 약 5만 명의 학생들이 스탠퍼드에 지원하고, 이중 약 3.6퍼센트만 입학한다. 이들이 선발되는 이유는 학업 성적이 뛰어나기 때문만은 아니다. 공부 잘하는 학생들의 비슷

비슷한 자기소개서 속에서도 유독 눈에 띄는 것은 우수한 성적이 아니라, 남들과 다른 질문을 던질 줄 아는 용기, 그리고 서로 다른 분야를 연결해 새로운 가치를 만들어내는 능력이다.

이안의 사례 역시 서로 다른 경험과 지식을 연결해 완전히 새로운 것을 만들어내는 창의성의 본질을 잘 보여준다. 그는 화학과 음악이라는 전혀 다른 영역을 연결했고, 교회에서 난민 아이들을 지도하며 자신의 결과물에 사회적 가치까지 결합했다.

이안의 프로젝트는 '인간 중심 혁신 설계'의 전형이다. 기술적 창의성과 사회적 의미를 결합하는 능력이야말로 미래 사회에 꼭 필요한 역량이다. 이안 같은 아이는 고작 3퍼센트에 불과할지 모르지만, 우리에게 남은 과제는 나머지 97퍼센트의 아이들이 이안처럼 생각하고 도전할 수 있는 환경부터 만드는 것이다.

'공감'은 타인의 눈으로
세상을 바라보는 경험이다

인공지능이 인간의 감정을 어느 정도 흉내 낼 수는 있지만, '공감 능력 Compassion'은 여전히 인간만 가진 고유한 영역이다. 공감은 타인의 감정을 이해하는 것을 넘어, 그들의 입장에서 세상을 바라보고 그들의 필요를 섬세하게 감지하며, 때로는 변화를 위한 행동까지 실천하기 위한 시작점이다. 기술이 점점 더 정교하게 발전할수록 오히려 공감과 배려 같은 정서적 역량이 더욱 중요한 자질로 부상하고 있다.

공감은 몇 가지 핵심 능력이 조화를 이루며 작동한다. 그중 첫 번째는 감정을 섬세하게 인식하는 능력이다. 나 자신의 감정

뿐 아니라 타인의 감정까지 정확히 이해하려면, 복잡한 정서적 흐름을 읽어내는 민감한 시선이 필요하다.

또한 타인의 시선으로 세상을 바라보려는 관점 전환의 태도 역시 중요하다. 자신의 판단은 잠시 내려놓고 상대방의 입장에서 생각해 보려는 자세가 공감의 깊이를 결정짓는다.

문화적 감수성도 빼놓을 수 없다. 오늘날처럼 다양한 문화가 공존하는 사회에서는 섣부른 오해나 편견을 줄이기 위해서라도 타인의 생각과 행동을 문화적 맥락 속에서 파악하려는 태도가 필수적이다.

그리고 마지막으로, 공감은 단지 타인의 상황을 이해하는 데서 멈추지 않는다. 이해를 바탕으로 사회적 책임을 실천하려는 행동으로 이어질 때, 공감은 비로소 감정을 넘어 삶의 태도로까지 확장된다.

요즘은 디지털 환경에서 공감 능력을 발휘하는 일이 새로운 과제로 떠오르고 있다. 온라인 공간에서는 서로의 표정이나 목소리 같은 비언어적 단서를 파악하기 어렵기 때문에 감정을 섬세하게 주고받기가 쉽지 않다. 익명성을 전제로 빠르게 오가는 대화 속에서 깊이 있는 관계를 형성하는 것 역시 쉽지 않은 일이다.

이처럼 디지털 환경에서는 오해와 단절이 쉽게 발생할 수 있으므로, 의식적인 노력이 더욱 중요하다. 상대방의 말을 주의 깊게 듣고, 자신의 생각을 부드럽고 명료하게 전달하는 소통 기술이 필수적이다. 서로를 배려하고 존중하며 신뢰를 쌓아가는 건강한 디지털 문화를 조성할 때, 온라인을 통한 공감도 가능해진다. 온라인과 오프라인을 넘나들며 정서적 연결을 유지하려는 시도는 미래 교육이 반드시 다뤄야 할 중요한 주제가 될 것이다.

공감은 개인의 감정을 넘어 사회 전체로 확장되어야 한다. 기후 변화, 빈곤과 기아, 사회적 불평등, 인권 침해와 같은 문제들은 이성이나 지식만으로 절대 해결할 수 없다. 이런 복잡한 문제들 앞에서 공감은 근본적인 변화를 이끄는 강력한 동력이 될 것이다. 공감 능력을 지닌 사람이 점점 더 많아질수록, 우리는 더 따뜻하고 건강한 공동체를 만들어갈 수 있다.

사례⑥ 이디나의 이야기
섬세한 공감 능력을 갖춘 안내자

20년 전, 스탠퍼드 대학원생들과 함께 '시즈 오브 임파워먼트'라는 비영리 교육재단을 설립했다. 우리 재단은 전 세계 교육 소외 지역의 아이들에게 배움의 기회를 제공하는 것을 목표로, 다양한 국제 교육 봉사 프로그램을 운영해 왔다. 또한 '스탠퍼드 스마일', '1001 스토리', '실버 프로그램' 등의 활동을 통해 전 세계 청소년들과 소통할 기회를 얻었다.

재단 활동에 전념하던 어느 날, 두 명의 고등학생이 봉사활동에 참여하고 싶다며 동시에 메일을 보냈다. 하지만 두 학생의 태도는 완전히 달랐다. 첫 번째 학생은 전화 인터뷰에서 먼저 이렇게 물었다.

"이 활동을 하면 어떤 상을 받을 수 있나요? 다른 혜택은 없나요? 봉사 시간은 얼마나 채울 수 있죠? 어떤 기관을 연결해 줄 수 있나요? 대학 입시에 도움이 되나요?"

이 모든 질문이 학생의 현실적 고민에서 비롯된 것이라는 점은 이해하지만, 인터뷰를 마친 후 내 마음은 한없이 무거워졌다. 봉사활동에 참여하려는 동기가 봉사의 본질과는 너무 멀게 느껴졌기 때문이다. 결국 나는 이 학생을 선택하지 않았다.

두 번째 학생 이디나는 달랐다. 그녀는 교육 소외 지역인 케냐 아이들의 상황을 듣고는 이렇게 물었다.

"제가 도움이 될 수 있다면 뭐든지 하고 싶어요. 언제부터 시작하면 될까요?"

이디나는 주말마다 우리 재단이 만든 교육용 도서인 《1001 스토리》를 아이들에게 온라인으로 읽어주는 활동부터 시작했다.

이 책은 문학, 역사, 철학 등과 관련한 다양한 이야기를 담은 것으로, 아이들이 쉽고 재미있게 영어 회화 능력을 키우는 데 도움이 되었다. 아이들의 어눌한 발음과 서툰 표현에도 이디나는 참을성 있게 귀를 기울였다. 자신이 처음 언어를 배울 때를 떠올리며, 아이들에게 천천히 설명하고 다정하게 반응했다.

무엇보다 놀라웠던 건 그녀의 섬세한 공감 능력이었다. 이디나는 아이들의 표정과 눈빛 속에 숨겨진 감정을 잘 읽어냈고, 아이들과 만나는 시간을 재미있는 놀이처럼 즐겼다. 어느 날, 학교 수업 일정 때문에 아이들과의 약속을 지키기 어려워지자, 그녀는 걱정스러운 얼굴로 말했다.

"아이들이 저를 기다릴 텐데 어떡하죠?"

그 말에는 아이들에 대한 책임감도 함께 담겨 있었다.

케냐의 아이들은 매주 토요일이면 동네 교회 사무실의 작은 노트북 앞에 옹기종기 모여, 화면 속 이디나 선생님을 기다렸다. 마치 화면이란 작은 창을 통해 또 다른 세상을 바라보는 것처럼 아이들의 눈빛은 반짝였고, 이디나는 그들을 위한 친절한 코치이자 안내자가 되어주었다.

이디나는 이 활동을 단기적인 봉사 경험으로 끝내지 않았다. 학교에 동아리를 만들고, 뜻이 맞는 친구들을 모았다. 매주 한 명씩 돌아가며 온라인 수업을 진행하도록 시간표를 짜고, 새로운 프로그램 개발을 위한 아이디어를 모았다. 그녀의 행동은 곧 동아리의 문화가 되었으며, 이디나는 자신과 뜻을 함께 하는 사람들을 움직이는 진정한 리더 역할을 했다.

사실 개발도상국 아이들에게는 언어를 배우는 일 자체가 새로운 가능성의 문을 여는 열쇠가 될 수 있다. 영어를 할 수 있다면 관광 가이드가 되어 가족의 생계를 책임질 수 있고, 외국 기업의 통역사가 되어 다른 가능성을 펼쳐갈 수도 있다. 실제로 영어를 배워 새로운 길을 찾은 아이들도 많다. 아이들은 언어를 습득하는 것을 넘어, 더 넓은 세상과 연결될 수 있었다. 이디나는 그 다리를 놓았고, 아이들과 함께 다리를 건너갔다.

이디나는 따뜻한 마음뿐만 아니라, 자신의 생각을 행동으로 옮기고 사람들을 이끌 수 있는 리더십도 갖춘 학생이었다. 나는 이디나에게 티벳의 오지 등 소외 지역에서의 교육 봉사 경험이 풍부한 이안을 소개했다. 이디나는 이안에게도 손을 내밀었고, 이안은 매주 토요일마다 운영팀의 일원으로 케냐 아이들과 영어 수업을 진행했다.

이디나의 이야기는 진정한 공감이 무엇인지 분명하게 보여준다. 공감은 일시적인 감정 이입이나 동정심이 아니다. 타인의 어려움을 진심으로 이해하고, 자신이 가진 자원을 나누며, 더 나은 길을 찾기 위해 노력하는 행동이다.

이디나의 행동은 개인적인 공감에서 시작했지만, 결국 사회적 실천으로까지 이어졌다. 혼자만의 실천으로 끝내지 않고 뜻을 함께할 사람들을 모았으며, 나눔을 실천하는 문화를 만들었다. 이처럼 공감은 복잡한 세상 속에서도 서로 다른 배경을 가진 수많은 사람을 잇는 다리 역할을 한다.

'책임감'은 생각을
현실로 완성하는 힘이다

'책임감Commitment'은 맡은 일을 끝까지 해내는 것을 넘어, 자신의 선택과 행동이 세상에 어떤 영향을 미치는지 깨닫고, 그 결과까지 기꺼이 감당하는 태도를 뜻한다. 특히 변화와 혁신을 추구하는 과정에서는 중도에 포기하거나 체념하지 않는 끈기 있는 자세가 필수적이다.

아무리 훌륭한 계획도 끝까지 밀고 나가는 실행력이 뒷받침되지 않는다면 공허한 메아리에 그칠 뿐이다. 책임감이 결여된 비전은 타인의 신뢰를 얻지 못하고, 현실로 이어질 수도 없다. 책임감은 지속 가능한 변화를 만드는 꾸준한 실천과 일관성 있는 태도이다.

그동안 많은 기업이 '파괴적 혁신Disruptive Innovation'이라는 개념을 강조해 왔다. 파괴적 혁신이란 기존 시장의 질서를 무너뜨리고 새로운 시장을 창출하거나, 기존 시장을 완전히 대체하는 혁신을 의미한다. 그러나 파괴적 혁신의 성공 여부는 아이디어의 우수성보다는 그것을 얼마나 꾸준히 실행에 옮길 수 있는가에 달려 있다. 아무리 탁월한 계획이라도 실행 단계에서 멈춘다면 그저 잠재력으로만 남을 뿐이다. 따라서 혁신은 한순간의 번뜩임이 아닌, 수많은 시행착오 속에서도 방향을 잃지 않는 꾸준함이다.

아이디어가 돋보였던 수많은 프로젝트가 흐지부지 사라지거나 끝내 성공하지 못한 이유는 마지막까지 완수하는 사람이 없었기 때문이다. 책임감은 개인과 조직이 어떤 어려움 속에서도 일관성을 유지하게 하는 힘이다. 책임감은 실행력과 지속성, 윤리성까지 포괄하는 총체적 역량이며, 수많은 실험적 시도와 시험 제품을 현실로 완성하는 원동력이다.

인공지능은 계산상 '이 정도면 충분하다'고 판단하면 더 이상 시도하지 않고 멈춘다. 속도와 효율을 중시하다 보니, 때로는 결과의 완성도가 다소 부족해도 그대로 넘어가는 경우가 있다. 그러나 인간은 어떤 일에서 의미를 발견한다면, 당장의 성과가 눈에 보이지 않더라도 끝까지 해낼 수 있다. 책임감은 불확실하고 예측할 수 없는 과정을 견디게 하는 정신적 근력이라고 할 수 있다.

사례⑦ 에녹의 이야기
디스쿨의 약속과 헌신

스탠퍼드는 '혁신'이라는 단어조차 진부하게 느껴질 만큼 변화와 창조가 일상처럼 스며든 곳이다. 그 중심에는 스탠퍼드 디자인 스쿨, 일명 '디스쿨 Stanford d.school'이 있다. 스탠퍼드에 재직하던 시절, 디스쿨에서 '자원이 부족한 지역사회의 학습자를 위한 디자인 Design to Equip Learners in Under-resourced Communities'이라는 수업을 개설했다. 이 수업의 목표는 교육 디자인을 통해 현실 세계의 문제를 직접 해결하는 것이었다.

이 강의에는 전공과 진로가 모두 다른 학생들이 모였다. 공학, 경영학, 교육학 등 다양한 전공의 학생들이 한 교실에서 협업했고, 그들의 국적도 미국을 비롯해 중동, 동남아시아, 인도, 한국, 일본, 중국, 남미 등으로 다양했다.

이 강의에서 학생들에게 제시한 과제는 절대 만만하게 볼 수 없는 것들이었다. 예를 들어, 필리핀 외딴 섬 소년원에서 생활하는 청소년들을 위한 디지털 교육 프로그램을 개발하거나, 멕시코 농촌 지역 청소년을 대상으로 소셜미디어를 활용한 동기 유발 콘텐츠를 만드는 것 등이다. 명확한 정답이 없고, 현실의 여러 문제들이 얽혀 있는 과제들이었다. 학생들은 팀을 이뤄 각기 다른 지역의 복잡하고 까다로운 상황을 마주했고, 그에 맞는 교육적 해법을 설계해야 했다.

이 수업에서 특히 기억에 남는 한 학생이 있다. 수강생 가운데 가장 나이가 어렸던 학부생 에녹이었다. 에녹이 이끄는 팀은 레바논에 거주하는 시리아 난민 청소년들을 위한 교육 프로젝트에 도전했다.

나 역시 레바논 현지의 비영리 단체와 협력해 봉사자들을 교육한 경험이 있기에 에녹의 팀에 아낌없는 조언을 해줄 수 있었다. 이 과정에서 내가 가장 강조한 점은 하나였다. 책상 앞에서만 설계하지 말고, 반드시 현지의 목소리를 직접 듣고 그들과 함께 디자인하라는 것이었다.

실리콘밸리와 레바논 사이에는 10시간의 시차가 있었고, 팀 대표인 에녹은 양쪽의 일정을 조율하는 일부터 난관에 부딪혔다. 회의 시간을 정하는 데만도 여러 번의 조정이 필요했고, 그 과정에서 팀원들은 점점 지쳐갔다. 하지만 에녹은 멈추지 않았다. 연결이 끊기면 다시 시도했고, 레바논에서 답장이 오지 않아도 끝까지 기다렸다. 에녹은 프로젝트를 완수하는 목표를 넘어, '진짜 협업'이 무엇인지 몸으로 배워나가고 있었다.

에녹은 미국과 레바논의 시차를 넘나들며 자신의 수업 일정과 팀원들의 스케줄을 꼼꼼히 확인했다. 현지의 불안정한 네트워크 환경을 고려해 이메일과 메시지를 수차례 주고받으며 회의 일정을 조율했고, 회의가 끝나면 밤새 회의록을 정리했다. 그리고 다음 날 아침 일찍 다시 영상 회의를 진행하는 날도 있었다. 학업과 병행하기엔 벅찬 일정이었지만, 그녀는 끝까지 자신의 책임을 다했다.

레바논의 정치적·경제적 불안정도 이 프로젝트에 어두운 그림자를 드리웠다. 시리아 난민 정착촌은 언제든 강제 철거될 수 있었고, 청소년들 중 일부는 시리아 내전 중 탈영해 숨어 지내는 상황이었다. 종교나 정치적 성향에 따라 누가 친구이고, 누가 감시자인지조차 구분하기 어려운 상황이었다. 시리아 난민에 대한 사회적 편견도 깊어, 순수한 지원조차 다른 의도를 숨긴 접근으로 오해받을 수 있었다. 이런 이유로 에녹의 팀은 모든 순간마다 신중하고 조심스럽게 접근해야 했다.

이제 막 대학교 2학년이 된 어린 학생들이 남편을 잃고 아이를 품에 안은 채 도망 다니는 여성들의 이야기를 들었고, 그러는 동안 자신들이 당연하게 여겨온 평범한 일상이 얼마나 특별하고 소중한지 처음으로 깨달았다.

이 수업에 참여한 학생들은 '이해한다'는 말로는 표현할 수 없는 삶의 무게를 온몸으로 느꼈다. 그리고 일단 그들을 돕겠다고 마음먹은 이상, 약속을 가볍게 여길 수 없었다. 나는 "우리가 괜히 나섰다가 약속을 지키지 못하면, 그들은 멀리 있는 마지막 생명줄 하나가 끊어지는 것처럼 느낄 거야."라고 강조했다.

에녹은 팀에 주어진 책임의 무게를 절실히 느끼고 있었다. 또한 이 프로젝트의 완성은 곧 약속을 끝까지 지키는 일이라는 것도 잘 알고 있었다. 복잡한 현지 상황, 정치적 리스크, 소통의 장벽 속에서도 그녀는 한 번도 지친 기색을 드러내거나 포기하려 하지 않았다. 레바논 아이들과의 인터뷰를 위한 질문 하나, 번역한 문장의 표현 하나까지도 꼼꼼히 검토하며, 사소한 결정에도 그 영향을 깊이 고민했다.

프로젝트는 계획대로 잘 마무리되었지만, 후속 프로그램을 준비하는 과정에서 레바논의 정세가 급격히 악화되고 말았다. 사전 답사를 위해 나 혼자 레바논을 방문했을 때도 여러 사건과 사고가 이어졌다. 이런 상황에서 미사일이 떨어지는 위험 지역으로 학생들을 데려갈 수는 없었다.

결국 다음 프로젝트를 중단할 수밖에 없었지만, 나는 여전히 레바논 청소년들과 다시 만날 날을 기다리며 희망을 잃지 않고 있다. 그들이 여전히 두려움 속에서 도망 다니고 있다는 사실을 떠올릴 때마다, 언젠가 반드시 그들을 다시 만나러 갈 것을 다짐하곤 한다.

책임감은 변화의 동력이 된다

디스쿨의 수업은 인터뷰, 설문 조사, 사용자 맵핑을 통해 문제를 정의^{Define}하고, 아이디어를 발산^{Ideate}하며, 초기 모델을 만들고^{Prototype}, 테스트^{Test}를 거쳐 개선하는 과정을 반복한다. 이 모든 과정은 단순히 좋은 학점을 얻기 위한 것이 아니다. 학생들이 팀을 만들어 프로젝트를 진행하는 동안 모든 일이 순조롭게 흘러가지는 않았다. 언어 장벽, 시간 제약, 이해관계 충돌 등 다양한 난관이 닥쳤다.

어떤 팀은 프로젝트 마감 3주를 앞두고 처음 설계한 솔루션을 폐기하고 완전히 방향을 바꾸기도 했다. 학생들을 지도하는 입장에서는 위험한 결정처럼 보였지만, 팀원들이 그만큼 강한 목적의식을 갖고 있다는 사실을 확인하는 순간이기도 했다.

책임감이란 어떤 약속이든, 한 번 결정한 여정이라면 끝까지 완주하는 역량이다. 이 힘은 외부의 보상이나 압박에서 비롯되는 것이 아니라, 스스로 부여한 목표와 가치에서 나온다. 학생들은 과제를 제출하는 데서 그치지 않고, 자신들이 계획한 솔루션이 현실에서 실제로 도움이 되기를 바랐다. 이런 바람이 책임감의 원동력이 되었다.

디스쿨의 과제를 끝까지 완수할 정도의 학생이라면 '지속 가능한 변화를 이끄는 리더'로 성장할 수 있다고 생각한다. 나는 이런 수업이 단 한 번의 프로젝트로 끝나지 않고, 더 많은 현장으로 확산되기를 바란다. 책임감 있는 사람들이 모이면 조직이 변화하고, 책임감 있는 조직들이 모이면 사회 전체가 달라진다. 책임감은 공감 능력과 함께 미래 사회의 '핵심 동력'이 될 것이다. 디지털 혁명에서 반도체가 핵심 역할을 했던 것처럼, 책임감은 더 나은 세상을 만들어가는 모든 여정의 중심이 될 것이다.

모든 역량은
하나로 이어진다

앞서 소개한 툴리의 이야기를 다시 떠올려 보자. 인도 시골 마을에서 그녀는 원만한 소통 능력만을 증명한 것이 아니다. 툴리는 마을 부모들의 걱정을 내 일처럼 이해하는 공감 능력, 교육의 가치를 비판적으로 바라보는 통찰력, 포기하지 않고 설득을 이어간 끈기와 책임감, 마을 사람들과 연구팀을 하나로 연결한 협력 역량까지 모두 발휘했다. 이 중 어느 하나라도 모자랐다면, 그곳에서 좋은 결과를 얻지 못했을 것이다.

안쉬의 사례도 마찬가지다. '우간다 여성들을 위한 취업 프로젝트'는 안쉬의 '창의성'을 보여주는 사례처럼 보이지만, 실제로는 6C 역량이 모두 유기적으로 작동한 결과였다. 여성들의 절망적인 현실에 진심으로 공감하며 시작된 문제의식이 현실에 없던 해결책을 실현하려는 움직임으로 이어졌다. 수백 번의 코드 수정과 온라인 협력자들과의 집요한 소통은 협력과 소통 능력, 책임감까지 동시에 증명했다. 무엇보다 '이게 최선일까?'라는 질문을 끊임없이 던지며 앱을 개선해 나간 태도는 비판적 사고의 진수를 보여줬다.

호기심 많은 소녀 지아의 경우도 마찬가지다. '차가 스스로 주차할 수 있을까?' '로봇은 꼭 음식만 날라야 할까?' 같은 질문에서도 비판적 사고가 잘 드러나지만, 그 출발점은 사용자의 불편함에 대한 공감이었다. 그리고 공감은 새로운 가능성을 탐구하는 창의성으로 이어졌다.

지아가 아버지와 대화하며 현실적인 제약을 이해하고 그에 맞게 생각을 수정해 가는 과정은 소통의 중요성을 잘 보여준다. 지속적인 코칭과 지지가 있다면, 지아는 언젠가 자신의 아이디어를 구체적인 솔루션으로 구현하는 혁신가가 될 것이다.

여러 아이들의 사례에서도 알 수 있듯이, 6C 역량은 독립적으로 존재하지 않는다. 각각의 역량은 서로를 자극하고 밀어 올리며 하나의 유기적인 흐름 속에서 작동한다. 공감에서 출발해 창의성으로 이어지고, 창의성이 다시 소통과 협력으로 이어지고, 여기에 지속 가능성을 부여하는 것이 바로 책임감이다. 비판적 사고는 이 모든 과정을 끊임없이 점검하고 다듬는 역할을 담당한다. 6C 역량은 고정된 기준이나 틀이 아니라, 역동적으로 움직이는 살아 있는 체계라고 할 수 있다.

순환하며 성장하는 6C 역량

  소통이 부족하면 함께하는 과정은 겉돌고 만다. 비판적 사고가 결여된 아이디어는 현실과 연결되지 못한 채 흩어지기 쉽다. 공감이 결여된 책임감은 상대방에게 오히려 부담을 줄 수도 있다. 그래서 6C 역량은 단순한 기술라기보다, 삶을 대하는 전반적인 태도에 가깝다.

  이디나와 함께 봉사활동에 참여하려 했던 첫 번째 면접생의 사례는 공감의 중요성을 다시 한번 일깨운다. 여러 면에서 준비된 학생이었지만, 상대방의 입장을 이해하고 진심으로 돕고자 하는 마음이 부족했다. 머리로는 이해했지만 마음은 서로 닿지 않았다. 결국 이 학생의 목적은 자신의 이익에만 머무른 셈이다. 이렇게 6C 역량 중 어느 한 부분이라도 약해지면 다른 부분까지 흔들리거나 가치를 잃을 수 있다.

우리 몸의 근육과 마찬가지로, 어느 한쪽에만 힘이 들어가면 결국 전체가 무너진다. 나는 말은 잘하지만 다른 누군가에게 진심으로 공감하지 못하는 사람들이 가장 불편하고 조심스럽다. 논리적으로는 빈틈이 없지만, 타인의 아픔이나 사정에는 무관심한 사람이 리더의 자리에 서면, 그 결과는 매우 위험할 수 있다.

우리는 이미 그런 지도자들이 만든 참담한 결과를 여러 번 목격했다. 전 세계가 하나로 연결되는 앞으로의 시대에는 누군가의 잘못된 판단 하나 때문에 인류 전체가 암흑 속으로 빠질 수도 있다.

6C 역량은 단기간에 만들어지지 않는다. 오랜 시간에 걸쳐 다양한 경험과 활동을 통해 서서히 쌓여간다. 아이들은 함께 소통하는 즐거움을 느끼고, 갈등을 조율하는 방법을 배우며 성장한다. 질문을 통해 사고가 확장되고, 확장된 생각은 다시 새로운 도전으로 이어진다.

이 과정에서 타인을 이해하는 마음이 자라고, 마침내 스스로 행동하고 책임지는 태도로까지 발전한다. 이런 경험은 대체로 한 번만으로 끝나지 않는데, 책임감을 배우면 더 깊이 소통하고 싶고, 더 나은 방식으로 협력하고 싶어지며, 더 좋은 질문을 던지게 되기 때문이다.

에녹과 그녀의 팀이 레바논에서 시도했던 프로젝트도 그랬다. 쉽고 빠른 길은 그 어디에도 없지만, 노력한 만큼 성장은 멈추지 않는다는 사실만은 분명했다.

인공지능이 절대 모방할 수 없는 것들

이제 인공지능은 논문을 쓰고, 코드를 짜고, 예술 작품을 만들고, 심지어 사람의 감정을 흉내 내며 대화를 이어간다. 방대한 데이터를 학습해 문제를 예측하고, 수많은 패턴을 분석해 복잡한 문제의 해결책을 찾는 일에도 점점 더 능숙해지고 있다.

하지만 인공지능이 툴리처럼 화려한 배경을 내려놓고 인도 시골 마을의 부모들과 눈을 맞출 수 있을까? 안쉬처럼 우간다 여성들의 절박한 현실에 공감하며, 수백 번의 실패에도 밤을 새워 다시 코드를 짜고 앱을 만들 수 있을까? 혹은 지아처럼 비행기 연료를 이용해 젖은 나무에 불을 붙이는 엉뚱하면서도 기발한 상상을 할 수 있을까?

인공지능은 정보를 처리하는 데는 탁월하지만, 앞으로 인류에게 더 절실한 것은 '정보의 기술'이 아니라 '관계의 기술'이다. 타인의 마음을 읽고, 서로 다른 생각을 조화롭게 엮으며, 끝까지 책임을 다하는 태도는 알고리즘이 절대 흉내 낼 수 없는 인간만의 고유한 능력이다.

앞으로 필요한 인재는 단순히 똑똑하고 성적이 좋은 아이가 아니다. 말을 잘하는 아이가 아니라 타인의 말을 귀 기울여 들을 줄 아는 아이, 누군가를 동정하는 데서 그치지 않고 함께 길을 찾는 아이, '왜?'라는 질문에서 멈추지 않고 '그래서 우리는 어떻게 해야 하지?'를 묻는 아이, 아이디어만 쏟아내는 것이 아니라 세상을 새로운 시각으로 바라볼 줄 아는 아이, 현명한 행동에 더해 상황의 맥락까지 이해하는 아이, 무조건 밀고 나가는 대신 왜 시작했는지를 끝까지 기억하는 아이다. 우리가 길러야 할 미래의 인재는 바로 이런 아이들이다.

인간 중심의 역량이 미래를 연다

흥미롭게도 최첨단 기술을 개발하는 세계적 기업들은 오래전부터 공정성과 투명성, 공감과 신뢰 같은 인간적인 가치를 인공지능 시스템에 어떻게 담아낼 수 있을지 고민해 왔다.

오늘날의 인공지능은 인간의 반응을 관찰하고, 윤리적 기준에 따라 학습하며, 인간 중심의 가치를 반영한 보상 시스템을 점차 내재화하고 있다. 기술의 발전이 결국은 '지혜를 어떻게 코드로 구현할 수 있을까?'라는 오래된 철학적 질문으로 이어지고 있는 셈이다.

하지만 아무리 정교한 시스템이라 해도, 인공지능은 정해진 수준의 시도 후, '충분하다'고 판단하면 멈춰 버린다. 반면 인간은 그 일이 의미 있다고 믿고, 조금이라도 책임감을 느낀다면 수많은 실패 앞에서도 끝까지 포기하지 않는다. 인공지능이 논리에 근거한 판단을 내릴 수는 있어도, 공감과 배려, 책임을 바탕으로 한 결정, 즉 '인간다운 결정'을 내릴 수는 없다. 6C 역량은 바로 이런 인간 고유의 힘을 기반으로 더 나은 선택과 변화를 이끄는 기준이 될 것이다.

그렇다면 우리는 어디서부터 시작해야 할까? 분명한 것은 6C 역량은 저절로 자라지 않는다는 사실이다. 6C 역량은 의도적으로 설계한 환경 속에서만 피어날 수 있다. 가정은 아이가 스스로 선택하고 책임지는 법을 배우는 작은 사회가 되어야 하고, 학교는 실패해도 괜찮다고 느낄 수 있는 안전한 실험실이 되어야 한다. 교사는 지식을 전달하는 역할에서 멈추지 않고, 아이들이 스스로 삶의 의미를 발견하도록 돕는 안내자여야 한다. 학습 커리큘럼 또한 어른이 정해주는 목록이 아니라, 아이들이 직접 주체가 되어 디자인하는 체계여야 한다.

인공지능은 분명 유용한 교육 도구다. 정보를 요약하고, 질문을 구조화하며, 발표 연습을 돕고, 적절한 피드백을 제공하는 등 인간의 지적 성장을 가속화하는 든든한 조력자가 될 수 있다. 하지만 그 전제는 분명하다. 주도권은 언제나 인간에게 있어야 한다는 점이다. 기술은 방향을 제시하지 않는다. 교육의 방향은 '우리는 앞으로 어떤 인재를 키우고 싶은가?'라는 질문에서 출발해야 한다.

6C 역량은 학생들을 잘 가르치기 위해 필요한 개념이기도 하지만, 우리 사회가 어떤 방향으로 성장할 것인가를 고민하게 만드는 기준이기도 하다. 그래서 6C 역량을 '공부를 더 잘 가르치기 위한 방법' 정도로만 이해해서는 안 된다. 인공지능 시대의 6C 역량은 무엇을 '인간답다'고 여길 것인지, 어떤 가치를 끝까지 지킬 것인지 보여주는 나침반이 될 것이다. 기술이 고도화될수록, 기술로는 대체할 수 없는 인간다움의 가치가 더욱 중요해질 것이다.

3장

창의성은 이유 있는 질문에서 시작된다

"모든 훌륭한 교육자는 진짜 교육이란
아이들에게 올바른 질문을 던지는 법을
가르치는 일임을 잘 알고 있다."

유타 필립스 Utah Phillips, 노동 운동가

미국 캘리포니아에 본부를 둔 비영리 교육기관 '에디파이Edify. org'는 교육 사각지대에 놓인 아이들도 배움에서 소외되지 않도록 꾸준히 노력하고 있다. 모든 아이들에게 동등한 교육 기회를 제공하기 위해 다양한 활동을 펼치고 있으며, 나는 이 기관의 자문위원으로 오랫동안 활동해 왔다.

에디파이는 설립 초기부터 지금까지 약 800만 명의 어린이에게 '학교에 다닐 기회'를 제공했다. 여러 지역의 교육 기관과 협력해 학교 운영 기금을 마련하고, 다양한 교육 프로그램을 개발했다. 나 역시 이곳에서 몇 가지 교육공학 프로젝트를 설계했는데, 그중 하나는 에티오피아의 한 시골 학교에 '질문 중심 학습법'을 적용하는 일이었다.

이 프로젝트에는 2009년에 개발한 모바일 기반 학습 시스템 '스마일SMILE, Stanford Mobile Inquiry-based Learning Environment'을 활용했다.

에티오피아의 학생들을 처음 만난 날, 나는 스마일 시스템을 소개하며 이렇게 제안했다.

"오늘 배운 것들 중 가장 중요하다고 생각하는 부분에 대해 스스로 질문을 만들어 보세요."

하지만 첫 수업에서 아이들은 대부분 당황하는 기색을 감추지 못했다. 평소 학교 수업에서 질문을 해본 적이 거의 없었기 때문이다. 지금까지의 수업은 정답을 맞히는 데 초점이 맞춰져 있었으므로, 아이들이 간신히 떠올린 질문조차도 단순히 교과서 내용을 확인하는 수준에 그쳤다. 자기주도적인 활동이나 창의적인 질문을 해본 경험이 부족했던 것이다.

세상을 바꾸는
질문은 무엇인가?

우리는 아이들이 수업에 더 적극적으로 참여할 수 있는 방법을 모색하기 시작했다. 교사들은 아이들에게 창의적인 질문이 무엇인지, 단답형 답을 찾는 질문보다 사고를 확장시키는 질문이 왜 중요한지 설명했다. 또한 학생들이 서로의 질문에서 차이점을 찾아내고, 어떤 질문이 더 창의적인지 자유롭게 의견을 나눌 수 있도록 했다.

처음에는 큰 변화가 없었지만, 수업을 매주 이어간 지 6개월쯤 지나면서 아이들의 질문이 달라지기 시작했다. 단순한 개념을 정의하거나 사실을 확인하는 수준에 머물렀던 질문들이 점차 학교 밖 현실과 사회 문제로 확장되었다. 이전과는 전혀 다른 시선으로 세상을 바라보는 질문들도 하나둘씩 나오기 시작했다.

그러던 어느 날, 한 학생의 질문이 나를 놀라게 했다. 초등학교 5학년 소녀 살마의 질문이었다.

"우리나라 헌법에는 여성의 인권을 보장하는 조항이 있나요?"

이 질문을 처음 들었을 때, 나는 잠시 말을 잇지 못했다. 초등학교 5학년인 어린 아이의 입에서 나온 질문치고는 너무 깊이 있는 데다, 여성의 권리에 대해 이야기하는 것조차 쉽지 않은 환경에서 그런 생각을 했다는 사실이 놀랍고 감동적이었다. 나는 마음 속으로 '신이여, 감사합니다!'라고 외쳤다. 이런 질문을 할 수 있는 아이가 살마 한 명이 아니라 백 명, 천 명으로 늘어난다면, 이 나라의 미래가 분명 달라질 거라는 확신이 들었기 때문이다.

살마의 질문은 익숙한 현실에 의문을 제기하고, 그 너머의 가능성을 상상하게 하는 '비판적 사고'의 출발점이었다. 살마의 경우처럼 아이들이 스스로 질문하며 미래를 그리고 여러 사회 문제를 직시할 수 있다면, 그런 질문들이 모여 변화와 혁신의 씨앗이 될 수 있다. 비판적 사고는 우리가 미처 보지 못했던 것들을 깨닫게 하고, 말하지 못했던 것들을 드러내게 하며, 이제껏 상상하지 못했던 세상을 꿈꾸게 만든다.

창의성은
공감에서 나와야 한다

살마의 질문은 진정한 창의성이 무엇인지 다시 바라보는 계기가 되었다. 그동안은 창의성을 일부 천재적인 사람들이나 가질 수 있는 특별한 능력이라 생각했다. 독창적인 아이디어를 내거나 남들과 다른 방식으로 세상을 해석하는 사람만이 창의적이라고 믿었다. 그래서 나 같은 평범한 사람은 창의성의 범위 안에 들어가지 못한다고 생각했다.

하지만 교육 현장에서 다양한 아이들과 질문을 주고받으며 깨달은 것은, 창의성은 내가 생각했던 것보다 훨씬 더 인간적이고 일상적인 개념이라는 사실이었다. 창의성은 타고난 특별한 재능이 아니라, 타인의 입장을 이해하고 그들의 절실한 고통에 공감하는 과정 속에서 자연스럽게 자라난다.

창의성은 인간만의 고유한 자질이다

창의성의 실체를 머리가 아닌 마음으로 느낄 기회가 있었다. 부산의 한 중학교 교실에서 학생들을 만났을 때였다. 그곳에서도 질문 중심의 수업을 시도했는데, 에티오피아에서와 마찬가지로 처음에는 질문하는 것 자체를 어색해하고 불편해하는 아이들이 많았다.

학생들의 마음을 충분히 이해한 나는 이렇게 말했다.

"어떤 질문이든 괜찮아. 그동안 누군가에게 묻고 싶었던 것이 있다면, 지금 꺼내 봐도 좋아."

그러자 한 학생이 조심스럽게 손을 들었다.

"왜 우리나라에선 피부색이 다른 외국인 노동자의 자녀들이 놀림을 당해야 하나요?"

그 순간 교실은 침묵에 빠졌고, 담임 선생님도 한동안 아이의 질문에 대답하지 못했다. 나 역시 어떻게 말해야 할지 잠시 고민할 수밖에 없었다.

아이의 질문은 우리가 무심히 지나쳤던 현실을 정면으로 마주하게 만들었다. 분명히 존재하지만 사회가 외면해 왔던 문제, 고통받는 사람들이 있지만 누구도 제대로 들여다보려 하지 않았던 문제를 수면 위로 끌어올린 것이다.

그 순간 나는 분명히 깨달았다. 세상에는 너무 익숙해서 의문조차 품지 않는 문제들이 분명히 존재한다는 사실이었다. 창의성은 바로 이런 문제들을 '당연하지 않다'고 인정하는 태도에서 시작된다. 또한 이런 질문은 타인의 고통에 공감하며, 그 아픔을 자신의 문제로 받아들일 때 비로소 가능해진다.

인공지능은 방대한 데이터를 놀랄 만큼 빠르게 학습하고, 어떤 질문에 대해서도 수십 가지 답안을 1초도 되기 전에 내놓을 수 있다. 하지만 우리는 여전히 질문할 수밖에 없다. 과연 인공지능이 누군가의 상처와 고통까지 진심으로 이해할 수 있을까?

진정한 창의성은 '이 문제를 해결해야 할 이유는 무엇인가?'라는 질문에서 시작된다. 공감이 빠진 창의성은 효율성 중심의 기술 조합에 머물고 만다. 우리에게 필요한 창의성은 기술적인 조합 그 이상이어야 하며, 세상을 더 나은 방향으로 이끄는 방식이어야 한다.

1930년 마하트마 간디Mahatma Gandhi는 '소금 행진Salt March'이라는 이름의 비폭력 저항 운동을 이끌었다. 당시 인도는 영국의

식민지였으며, 생활 필수품인 소금의 생산과 판매까지 영국 정부의 통제를 받고 있었다. 간디는 약 390킬로미터를 걸어 바다로 향했고, 그곳에서 직접 소금을 채취했다.

소금 행진은 단순히 소금 생산권을 되찾기 위한 저항이 아니라, 식민 지배의 부당함을 세상에 널리 알리기 위한 상징적인 평화 행진이었다. 수많은 사람이 이 행진에 자발적으로 동참하며 그 물결은 전국적으로 퍼져 나갔다. 간디는 폭력이 아닌 공동체의 평화로운 연대를 무기로 내세웠으며, 소금 행진은 거의 한 세기가 지난 지금까지도 가장 창의적인 저항 사례로 평가받는다.

소금 행진의 사례에서 알 수 있듯이, 인간은 공감 능력과 도덕적 판단, 그리고 상황의 맥락을 이해하는 능력을 바탕으로 문제를 해석하며, 기존의 틀을 넘어서는 놀라운 해결책도 결국 찾아낸다. 인공지능의 판단 기준은 데이터와 알고리즘에 불과할 뿐, 인간이 왜 자기 이익과 무관한 일에도 마음을 쓰고, 더 나은 세상을 위해 기꺼이 시간과 노력을 쏟는지 완전히 이해하거나 공감하지는 못한다. 이런 점에서, 창의성 또한 인공지능이 따라올 수 없는, 인간만의 고유한 능력이라 할 수 있다.

창의성을 이루는
다섯 가지 요소

　창의성은 감정과 사고방식, 타인과의 관계, 그리고 문제를 둘러싼 맥락이 서로 얽힌 복합적이고 총체적인 개념이다. 나는 창의성을 설명할 때마다 그 바탕이 되는 다섯 가지 핵심 요소를 함께 소개하는데, 그중에서도 가장 중심이 되는 것은 '타인을 향한 공감'이다.
　공감은 나머지 네 가지 요소에 '왜 이 문제를 다뤄야 하는가?'라는 방향과 목적을 부여하며, 창의적 사고가 단순한 아이디어 생성에만 머물지 않고 실제적인 변화로 이어지도록 이끈다.

발산적 사고

첫 번째는 '발산적 사고'다. 발산적 사고는 하나의 문제를 다양한 관점에서 바라보고, 여러 가능성과 해결책을 떠올릴 수 있는 능력을 뜻한다. 질문 중심 수업을 진행하다 보면, 아이들이 정해진 틀을 벗어난 생각을 하거나 이전까지와는 전혀 다른 방향에서 문제를 해석하는 모습을 자주 볼 수 있다.

세상에는 정답이 하나뿐인 문제도 있지만, 정답이 없거나 상황에 따라 옳고 그름이 달라지는 문제들도 많다. 특히 인간의 삶과 연관된 다양한 가치가 얽힌 질문일수록 '정답을 맞히는 것'보다 '답을 찾아가는 과정'이 훨씬 더 중요하다. 발산적 사고는 고정된 답이 아닌 문제의 본질을 탐색하게 하며, 창의성을 꽃피우기 위한 첫걸음이 된다.

- 노숙자 문제를 해결하는 방법에는 주거 지원 외에 또 어떤 것들이 있을까?
- 처음부터 노숙자가 되지 않도록 예방할 방법은 없을까?
- 인공지능을 활용해 시각장애인이 안전하고 즐겁게 산책하는 방법을 찾을 수 있을까?
- 외로운 어르신들이 하루를 건강하고 의미 있게 보낼 수

있는 방법은 무엇일까?
- 학교 폭력을 줄이려면 '처벌' 외에 다른 어떤 접근법이 필요할까?

이 질문들은 모두 타인의 고통과 불편함을 외면하지 않겠다는 의지에서 시작한다. 바로 이런 태도에서 경계 너머를 바라보는 시선이 열리고, 더 깊고 확장된 의미의 창의적 사고가 이어진다.

융합적 사고

두 번째는 '융합적 사고'다. 융합적 사고란 겉보기에는 전혀 관련 없어 보이는 개념이나 지식을 연결해 새로운 질문을 만드는 능력이다.

예를 들어, 염색과 소금 결정은 언뜻 보면 무관한 주제처럼 보이지만, 이 두 개념을 연결하려는 시도를 통해 의외로 흥미로운 탐구를 시작할 수 있다. 소금 결정의 형태가 염색 원단에 어떤 영향을 미치는지 알아보거나, 염색 과정에서 발생하는 화학 반응과 소금의 결정화 과정을 비교해 보는 탐구도 가능하다. 또는, 음악과 수학, 미술과 과학처럼 서로 분리된 분야를 결합해 새로운 질문을 만드는 것도 융합적 사고의 좋은 예다.

융합적 사고는 퍼즐 조각처럼 흩어진 지식들을 연결해 누구도 예상하지 못한 그림을 완성하는 과정이다.

- 게임 중독 청소년을 돕기 위해 음악 치료와 환경보호 체험을 어떻게 결합할 수 있을까?
- 인지 발달 장애가 있는 아이들을 위해 메이커 스페이스를 활용한 상생 교육 모델을 만들 수는 없을까?
- 다문화 가정 아이들이 긍정적인 정체성을 형성할 수 있도록 요리와 스토리텔링을 연결하는 방법은 없을까?
- 환경보호 교육에서 연극과 데이터 사이언스를 조합할 수 있을까?

이 질문들은 서로 다른 분야를 넘나들며 현실적 문제들을 해결하려는 시도이자, 융합적 사고가 지향하는 방향성을 보여준다. 융합적 사고는 복잡한 현실을 새롭게 바라보고, 낯선 조합 속에서 더 나은 가능성을 상상하는 것으로, 문제 해결뿐만 아니라 창의성을 실천하는 접근법으로도 볼 수 있다.

위험을 감수하는 용기

세 번째는 '위험을 감수하는 용기'다. 이것은 정답이 분명히 보이지 않거나 설명하기 힘든 질문조차 두려워하거나 망설이지 않고 꺼낼 수 있는 자세를 말한다.

예를 들어, 답을 찾기 어려운 문제를 마주했을 때 학생이 교사에게 "선생님은 이 질문의 답을 아세요?"라고 묻는다면, 교사는 어떻게 대답해야 할까? 이때 교사가 "사실은 나도 잘 모르겠어. 우리 함께 알아보자."라고 솔직하게 말할 수 있다면, 교실은 틀린 답을 두려워하지 않는 안전한 탐색의 공간으로 바뀔 것이다.

이런 경험을 통해 학생들은 배움이 정답을 맞히는 데 그치지 않고, 함께 질문하고 길을 찾아가는 과정이라는 것을 자연스럽게 깨닫는다. 그 순간부터 교실은 '정답'이 아니라 '질문'으로 움직이기 시작한다.

용기를 필요로 하는 질문들, 다시 말해 쉽게 답을 내릴 수 없거나, 사회가 당연하게 여겨온 질서나 관습에 의문을 던지는 질문은 창의적 사고의 출발점이 된다. 이런 질문은 때로 어른들조차 꺼내기 어렵고, 불편하게 느낄 수도 있다. 그러나 바로 그 불편함 속에 진짜 배움이 숨어 있다.

- 우리 사회에서 돈이 없어도 최소한의 존엄을 지키며 살기 위해서는 어떤 시스템이 필요할까?
- 성적 매기기와 경쟁 문화를 없애기 위한 정책을 만들 수 있을까?
- 지금의 학교를 완전히 다시 설계한다면, 어떤 점을 보완해야 하며 교사의 역할은 어떻게 달라져야 할까?
- 국회의원 없이도 국민이 직접 모든 정책을 만들고 결정할 수는 없을까?

이런 질문은 기존의 사회 질서를 낯설게 바라보고, 그 아래 숨겨진 문제들을 과감히 드러낸 용기의 결과다. 인공지능은 데이터를 바탕으로 수많은 질문을 만들 수는 있어도, 기존 체제에 도전하고 더 나은 사회를 꿈꾸는 인간의 용기까지는 흉내 낼 수 없다.

아름다움에 반응하는 감수성

네 번째는 '미적 감수성'이다. 우리는 질문에서도 '아름다움'을 느낄 수 있다. 어떤 질문은 우리를 잠시 멈추게 만들고, 지금까지는 보지 못했던 것들을 보게 하며, 우리의 마음까지 완전히 흔들어 놓는다. 이런 질문에는 논리적 옳고 그름을 뛰어넘는 울림이 있다. 또한 마음 깊은 곳을 건드리는 힘이 있다. 이런 질문은 질문 그 자체가 사람들에게 감동을 전하는 '아름다운 선물'이 된다.

- 할머니의 주름진 손이 아름답게 느껴지는 이유는 무엇일까? 요즘 세대는 이 아름다움을 어떻게 받아들일까?
- 밤하늘의 수많은 별빛을 해석해 대화를 나누거나 음악을 만든다면 어떨까?
- 평범한 이웃의 삶 속에서 발견한 아름다움을 세상에 어떻게 드러낼 수 있을까?
- 장애가 있는 친구들의 일상 속 소중하고 행복한 순간들을 다른 사람들과 함께 나눌 방법이 있을까?

인공지능은 아름다운 장면을 묘사하고, 그럴듯한 이야기를 만들어 낼 수는 있다. 하지만 인간처럼 무언가에 깊이 공감하는 일은 없다. 그저 아름답다는 이유만으로 눈물을 흘리는 것은 오직 인간만이 할 수 있는 일이다.

타인을 향한 공감

다섯 번째이자 내가 가장 중요하게 생각하는 요소는 바로 '타인을 향한 공감'이다. 공감은 앞서 언급한 모든 창의적 요소에 도덕적 방향성과 온기를 불어넣는 역할을 한다. 누군가의 고통을 덜어주기 위한 질문, 공동의 이익을 향한 탐구, '나'보다 '우리'를 먼저 상상하는 감각이 없다면, 창의성은 때로 너무 차갑고 냉정해질 수 있다. 공감과 배려가 담긴 질문의 예는 다음과 같다.

- 내가 누리고 있는 조건들을 포기하지 않으면서도 불평등을 줄일 수 있는 방법이 있을까?
- 내 편의를 위해 누군가 희생하고 있다는 사실을 알았을 때, 나는 어떻게 행동해야 할까?
- 세상에서 가장 외로운 사람은 누구일까? 그 사람에게 우리 사회가 건넬 수 있는 것은 무엇일까?

지금까지 소개한 다섯 가지 요소가 어우러질 때, 세상을 변화시킬 수 있는 질문이 탄생한다. 예를 들어, "만약 우리 동네에서 가장 소외받는 사람과 가장 많은 특권을 누리는 사람이 함께 무언가를 만든다면, 무엇이 좋을까?" "그 과정에서 우리는 어떻게 달라질까?" "인공지능이 인간의 일자리를 대체하는 시대에, 일할 기회를 잃은 사람들도 소속감을 느낄 수 있는 완전히 새로운 형태의 공동체는 어떤 모습일까?"와 같은 질문들이다. 이런 질문은 질문하는 사람과 듣는 사람 모두를 성장시키고, 더 나아가 실천과 행동으로 이어지게 만드는 힘을 가졌다.

질문 중심의
학습법을 개발하다

　우리는 '창의성'을 말할 때 종종 '기발한 생각'이나 '좋은 아이디어'를 떠올린다. 하지만 아이디어는 순간의 반짝임에 그칠 때가 많다. 교육 현장에서 교사들을 만날 때마다 내가 늘 강조해 온 것은, 아이디어보다 중요한 건 '질문'이며, 질문보다 중요한 건 그 안에 숨은 '사람의 마음'이라는 점이다.
　오랫동안 여러 학교에서 질문 중심 학습법을 시도하며 느낀 가장 긍정적인 변화는 아이들의 질문이 점점 더 '인간적인 방향', 즉 '사람의 마음을 이해하는 방향'으로 발전한다는 사실이다.
　"왜 우리나라는 수준 높은 의료 시스템을 자랑하면서도 막상

응급환자를 받지 않아 죽음에 이르게 할까요?"

"왜 우리 학교에서는 장애를 가진 친구들과 함께 수업을 들을 수 없나요?"

"왜 유명한 정치인이 되면 사람들의 말을 듣지 않고 자기 생각만 이야기할까요?"

이런 질문은 현상의 근본적인 원인을 고민하게 만들고, 우리가 무심코 지나쳐 온 현실을 정면으로 바라보게 한다.

질문 중심 학습법의 확장

창의성은 내면의 울림에서 시작한 작은 선의가 사회적 감수성으로 확장되는 과정이라고 생각한다. 우리가 만드는 기술, 설계하려는 수업, 구축하려는 사회 시스템은 결국 누구를 위한 것인가? 이 질문을 놓친다면, 아무리 뛰어난 인공지능과 함께 일하더라도 그 결과는 의미 없는 혁신이거나 공허한 진보에 불과하다.

인공지능 시대라는 거대한 변화 앞에서도 우리가 끝까지 놓지 않아야 할 것은 바로 '인간다운 질문'이다. 사실 질문 자체는 인공지능도 얼마든지 만들어낼 수 있다. 하지만 우리에게 정말 필요한 질문, 누군가의 필요에 깊이 공감하는 질문은 오직 사람만이 할 수 있다. 그런 질문을 아이들과 함께 끊임없이 만들어가야 하며, 이것이야말로 인공지능 시대에도 '인간이 인간답게 남는 유일한 방법'이라고 믿는다.

오랫동안 전 세계를 누비며 '질문의 힘'을 알리는 활동을 해왔다. 최근에는 아이들의 수준 높은 질문들에 놀랄 때가 많다. 그럴 때마다 질문 중심의 학습법을 디지털 시대, 인공지능 시대에 맞게 확장시켜야 한다는 믿음이 확고해진다.

스마일 학습법의 도입 과정

질문 중심 학습법을 실제 교육 현장에서 체계적으로 구현하려는 노력은 이미 오래전부터 시작되었다. 2008년, 미국 국립과학재단 NSF, National Science Foundation의 펀딩을 시작으로 다양한 모바일 학습 솔루션의 개발이 가속화되었고, 2009년부터는 '스마일 학습 모델'을 개발하기 시작했다. 하지만 이 모델을 실제 학교에 적용하는 일은 생각만큼 쉽지 않았다. 대부분의 공립학교에서는 새로운 학습법을 익히고 적용할 시간적 여유가 부족했고, 교사들의 역량 문제와 환경적 제약도 컸다.

그 결과 스마일 학습법은 짧은 워크숍이나 단기 실험 수업으로 끝나는 경우가 많았다. 특히 수업 운영의 자율성이 제한된 공립 학교에서는 장기적인 교육 프로그램으로 뿌리 내리기가 어려웠다. 그래서 상대적으로 수업 운영이 자유로운 사립학교와 국제학교 또는 개발도상국의 학교들을 중심으로 스마일 학습법을 도입하기 시작했다. 특히 교육 소외 지역에서 이 학습법에 대한 관심이 높았다. 그러나 이런 지역은 대부분 전력 공급 불안, 열악한 인터넷 환경 등 현실적인 제약이 존재했다. 하지만 이런 문제들은 장애물이 아니라, 해결책을 모색하게 하는 새로운 도전 과제가 되었다.

우리는 환경적 한계를 극복하기 위해 '스마일 플러그$^{SMILE\ Plug}$'라는 독립형 학습 솔루션을 개발했고, 이후 '스마일 파이$^{SMILE\ Pi}$'라는 형태로 한 단계 발전시켰다. 이 시스템으로 인터넷이 없거나 전력이 부족한 환경에서도 질문 중심의 학습을 지속할 수 있는 길을 열었다.

스마일 플러그에는 교육 영상, 교육용 게임, 코딩 프로그램, 그리고 수천 권의 책이 기본으로 저장되어 있으며, 초기 모델인 '스마일' 역시 들어 있다. 하루에 전기가 2시간 정도만 공급되는 환경이나 인터넷이 없는 곳에서도 자유롭게 학습 활동을 진행할 수 있다. 또한 인터넷이 잠시라도 연결되는 순간 콘텐츠 업데이트나 데이터 수집이 자동으로 이루어지도록 설계했다.

스마일 학습법이 보여준 놀라운 변화

　세계 여러 지역에 스마일 학습법을 소개하고 보급해 왔지만, 그중에서도 아프리카 가나에서의 경험은 특히 깊은 인상을 남겼다. 스마일 학습법을 약 2년에 걸쳐 장기적으로 운영할 수 있었던 대표적인 사례였기 때문이다. 이 연구는 새로운 교육 기술을 도입한다는 의미를 넘어, 이 기술이 실제로 어떤 변화를 만들어낼 수 있는지 깊이 있게 관찰하는 소중한 기회였다.

　스마일 학습법을 적용한 가나의 다섯 학교에서는 5학년부터 9학년까지 약 560여 명의 학생이 참여했다. 이 학교들은 대부분 전력 공급이 불안정하고, 인터넷 연결도 매우 제한적인 지역에 위치했다. 교사와 학생 대부분은 개인용 컴퓨터나 노트북을 가져본 적이 없었고, 컴퓨터를 사용해 본 경험도 거의 없었다. 그 당시만 해도 컴퓨터실이 있는 학교에서 키보드로 단어를 몇 개 입력해 보는 것조차 엄청난 '혁신 교육'으로 여겨질 만큼, 디지털 환경이 매우 제한적이었다.

　스마일 학습법을 본격적으로 도입하기 전, 우리는 같은 지역에서 3개월간 짧은 파일럿 연구를 진행했다. 당시 학생들이 접해 본 문제는 대부분 '다음 중 어떤 값이 더 큰가? A. 24+50, B. 11×7'과 같은 단순 연산 문제나, 'Happy의 반대말은?'처럼 정답이 정해진 단답형 질문이었다. 교사들 역시 너무 수준 높은 질문이 나오면 수업을 진행하기 힘들 거라며, 스마일 학습법에 대해 우려를 드러냈다.

우리는 18개월 동안 스마일 학습법을 적용한 수업을 이어갔다. 학생들은 '질문 생성 → 평가 → 토론 → 개선'의 순환 과정을 반복하며 점점 더 깊이 있게 사고하기 시작했다. 또한 미리 제공한 단어 리스트를 바탕으로 창의적인 질문을 만드는 '지시어 키워드 Prompter Keyword' 훈련에도 참여했다. 학생들이 만든 질문은 서로 별점과 짧은 의견을 남겨 평가했다.

시간이 흐르면서 학생들은 점차 고차원적이고 비판적인 사고 능력을 발휘하기 시작했다. 18개월 동안 학생들이 생성한 질문 Student-Generated Questions, SGQ은 총 96,000개에 달했다. 이 질문들을 교육심리학자 벤자민 블룸 Benjamin Bloom의 인지 영역 분류 체계(기억 → 이해 → 적용 → 분석 → 평가)에 따라 분석한 결과, 모든 인지 영역이 고르게 포함되어 있었다.

이 결과는 학생들의 사고가 사실 확인 수준을 넘어 점차 깊어지고 확장되었음을 보여준다. 또한 스마일 학습법 도입 직후와 도입 3개월 후, 그리고 18개월 후 총 세 차례에 걸쳐 실시한 '상위 수준 질문 역량 검사'는 이 학습법의 효과를 더욱 분명하게 드러냈다.

- 중간 평가(3개월 후) : 평균 점수 $29.43 \rightarrow 29.54$ ($\Delta=0.11$, $p>0.005$ / 통계적으로 유의미한 차이 없음)
- 최종 평가(18개월 후) : 평균 점수 $29.54 \rightarrow 39.57$ ($\Delta=10.03$, $p<0.0001$ / 통계적으로 유의미한 상승)

이 결과는 상위 수준의 질문 생성 능력을 단기 연수나 일회성 훈련만으로는 기를 수 없다는 사실을 명확히 보여준다. 한편 동일한 조건에서 진행했음에도 학교 간 성취도에는 분명한 차이가 존재했다. 일부 학교는 기대 이상의 성과를 보였던 반면, 상대적으로 낮은 결과가 나타난 학교들도 있었다. 우리 연구팀은 이러한 차이를 설명할 수 있는 새로운 지표인 '프로그램 응집성 지수Program Cohesion Ratio, PCR'를 개발했다.

PCR은 스마일 학습법이 학생들의 실제 학습에서 얼마나 효과적으로 지속되는지를 수치로 나타내는 종합 지표로, 다음의 여섯 가지 핵심 요소를 바탕으로 산출된다.

- 지역 특수성 : 전력, 교통, 문화적 조건은 물론, 교사와 학생의 개별 역량과 동기, 정치·경제 상황 등 외부 환경적 요인
- 교육 생태계 민감성 : 문화와 종교적 영향, 지역 경제에 미치는 영향, 이해관계자의 가치 인식 수준
- 교육 이론 적용성 : 교육 모델 설계의 타당성, 실행 및 유지 관리의 적절성, 참여 주기와 활동량의 균형
- 운영 구조적 완전성 : 실행팀의 전문성, 외부 전문가와의 연계 가능성, 조직 구조의 투명성 및 성과 지표의 명확성
- 자체 지속 가능성 : 학교 및 지역 사회와의 파트너십, 교사 및 관리자 역량 강화 체계, 문제 해결 구조의 실효성
- 확장성: 자원의 현지 조달 가능성, 유지보수 인력 양성 계획, 콘텐츠 문서화 수준 및 접근성

가나의 다섯 학교에서 측정한 PCR 값은 0.733~0.967 범위로 나타났으며, PCR 수치가 높을수록 학습 성취도 역시 높게 나타났다. 특히 여러 변수 중에서도 '교사의 동기와 열정'이 핵심 변수라는 사실을 확인할 수 있었다. 여기에 학생들의 학년과 연령 요소를 통계 모델에 추가하자 프로그램 성공 가능성을 설명하는 예측 정확성이 한 단계 높아졌다.

학생 531명을 대상으로 한 인식 조사에서도 스마일 학습법에 대한 반응은 매우 긍정적이었다. 아이들이 가장 많이 언급한 장점은 다음과 같다.

- 자유롭게 질문할 수 있다는 점
- 다른 학생들과 활발히 상호작용할 수 있다는 점
- 스스로 학습 상태를 점검할 수 있다는 점
- 학습의 동기를 얻는다는 점
- 교사와 자주 소통할 수 있다는 점

이 결과는 스마일 학습법이 단순한 교육 기술이나 도구를 넘어, 학습 공동체를 활성화하고 자기주도적 학습 문화를 촉진하는 역할을 했다는 점을 보여준다. 이 연구가 전하는 메시지는 매우 분명하다.

- 시간의 힘 : 상위 수준의 질문 역량은 단기간에 길러지지 않는다. 최소 1년 이상의 꾸준한 훈련이 필요하다.
- 총체적 응집성 : 환경, 이론, 조직, 운영, 자립 전략 등 학습자를 둘러싼 요소들이 유기적으로 연결될 때에만 지속 가능하다.

- 교사가 가진 동기의 힘 : 교육 혁신은 결국 교사의 열정에서 출발한다. 이것은 기술이나 시스템으로 대체할 수 없는 핵심 동력이다.

가나의 경우처럼 도전적인 환경 속에서도 18개월간 꾸준히 스마일 학습법을 실천해 이처럼 좋은 성과를 낼 수 있었다면, 교육 여건이 좋은 환경에서는 더 짧은 시간 안에 사고력 향상을 기대할 수 있다. 하지만 역설적으로 교육 환경이 잘 갖춰진 지역일수록 입시 중심의 경쟁 체계에 갇혀 새로운 방식을 거부하거나 시도하지 못하는 경우가 많다.

스마일 학습법을 개발한 2009년 이후부터 지금까지, 질문 중심의 교육법은 주로 사립학교나 국제학교에서 환영받았다. 반면 대부분의 공립학교에서는 몇몇 교사들이 자발적으로 시작하거나, 제한적으로만 시도했을 뿐이다.

질문으로 만들어가는
새로운 미래

 가나에서의 성공적인 경험에 힘을 얻은 후, 나는 여러 나라를 오가며 질문 중심 학습법을 널리 알리기 위해 힘썼다. 챗지피티나 제미나이Gemini 같은 생성형 인공지능이 출시되기 이전부터 머신러닝을 활용해 학생들의 질문을 자동으로 평가하고 피드백을 제공하는 솔루션을 개발해 왔다.

 스마일 모델의 최신 버전에서는 인공지능이 학생들의 질문을 분석 및 분류한 다음, 그에 맞는 코칭 메시지를 실시간으로 전달할 수 있도록 업그레이드했다. 여기에 질문의 질을 높일 수 있는 기능까지 더해 완성한 새로운 버전의 학습법이 '애스크 스마일Ask SMILE'이다.

애스크 스마일에서 인공지능은 여러 핵심적인 역할을 담당한다. 학생들이 입력한 초기 질문의 오류를 수정하고, 인지 수준을 평가한 다음, 더 수준 높은 질문을 추천한다. 또한 질문 내용과 관련한 참고 자료를 제공하기도 한다. 하지만 인공지능은 아이들이 질문한 배경이나 이유까지 파악하지는 못한다. 또한 질문 뒤에 숨겨진 감정이나 사회적 맥락, 도덕적 직관까지 감지하지는 못한다.

예를 들어, 한 초등학생이 "어른들은 왜 우리 동네에 특수학교가 들어오면 안 된다고 하는 걸까?"라고 질문할 때, 인공지능은 이 질문의 인지적 수준을 평가할 수는 있지만, 그 아래 깔린 비판 의식까지는 이해하지 못한다.

그래서 나는 인공지능과 관련한 강연 기회마다 '인간과 인공지능 간 협업의 핵심은 기술적 조합이 아니라 가치의 결합'임을 강조한다. 인공지능은 '할 수 있는 것'을 보여주지만, 인간은 '해야 할 것'을 결정한다.

지난 25년간 전 세계를 다니며 관찰한 슬픈 현실은, 공교육 안에 있는 아이들이 학년이 올라갈수록 점점 더 수동적인 사고방식에 갇힌다는 점이다. 이것은 어쩌면 당연한 일일지도 모른다. 고등학교에 진학하면 오로지 입시를 위해 공부해야 하고,

시험 성적만이 삶의 전부가 되어버리기 때문이다. 특히 대학 입시를 준비하는 3년 동안은 빠른 시간 안에 문제의 정답을 찾는 훈련에만 집중하기 때문에 사고의 폭도 점점 좁아질 수밖에 없다.

그에 반해 질문 중심의 학습법은 창의적으로 질문하는 훈련을 지속하며, 세상에 존재하지 않는 새로운 질문을 생각하도록 돕는다. 스마일 학습법에서는 혁신적 사고의 기초가 되는 '근간을 흔드는 질문 Foundational Question'이 무엇인지 깊이 고민한다. 이처럼 질문이 학습의 출발점이 된다면, 이미 정해진 답을 찾거나 지식을 단순 암기하는 공부가 과연 가치 있을까?

많은 부모가 지금의 교육 현실에 대해 의문과 우려를 품고 있으면서도, 주변 사람들 대부분이 같은 길을 가고 있기 때문에 다른 선택을 하지 못한다. 자녀를 유명 학원에 보내고, 내신과 수능 위주로 공부시키며, 성적에 맞춰 진로를 결정하는 것이 부모로서 할 수 있는 최선이라고 생각한다. 그런 방식으로 준비해야만 '평균적인 범주' 안에 속할 수 있다고 믿는다.

그러나 이런 획일적인 흐름 속에서도 변화의 움직임은 존재한다. 실제로 한국에서도 스마일 학습법을 활용해 교육 방식을 전환하려는 시도가 있었다. 한국의 어느 지역 교육청의 초청을 받아 진행한 교사 연수 워크숍에서 스마일 학습법을 소개한 적이 있는데, 그중 한 학교에서는 실제 수업까지 실행할 수 있었다.

이 수업의 주제는 '지진에 대비한 구조물 디자인하기'였다. 학생들은 종이와 테이프, 실 등 최소한의 재료만으로 초기 모델을 설계하고, 지진의 특성을 분석해 구조물이 손상 없이 버틸 수 있도록 만드는 팀 프로젝트에 참여했다.

첫 번째 단계는 '어떤 질문이 필요할까?'였다. 예를 들어, '구조물이 지진계 4.0의 진동에도 무너지지 않고 하중을 견디려면 어떻게 설계해야 할까?' '위에서 물체가 떨어졌을 때 구조물을 손상시키지 않으면서도 충격이 다른 곳으로 튕겨 나가지 않게 하려면 어떤 지지대나 충격완화 장치가 필요할까?' 등의 질문이었다. 학생들은 이런 질문들을 중심으로 설계 방향을 정하고, 간단한 실험을 통해 다양한 변수에 대비했다. 최종 평가 단계에서 구조물이 무너지거나 불안정했던 팀은 자신들이 어떤 질문을 놓쳤는지, 질문의 수준이 설계에 어떤 영향을 미쳤는지 단계별로 돌아보며 학습 과정을 재구성했다.

스마일 시스템은 참가자가 입력한 질문을 사고의 정교함과 탐구 수준에 따라 1단계부터 5단계까지 나눠 평가한다. 예를 들어, '진동은 무엇인가?'와 같은 질문은 단순히 정보를 확인하려는 수준이기 때문에 가장 낮은 '레벨 1'로 분류된다. 반면, '구조물이 삼각형 보강 구조였다가 사각형 또는 오각형 보강 구조로 바뀐다면 진동의 흡수, 구조의 안정성, 제작의 용이성 면에서 어떻게 달라질까?'와 같은 질문은 개념을 응용하고 다양한 변수를 종합적으로 고려하므로 가장 높은 '레벨 5'로 평가받는다. 스마일 시스템은 각각의 질문이 좀 더 높은 레벨로 발전할 수 있도록 구체적이고 실질적인 피드백을 제공한다. 학생들은 이 피드백을 바탕으로 질문을 수정하거나 확장하며 사고의 깊이를 더해간다.

스스로 묻고 스스로 답을 찾다

이 수업이 성공적으로 끝난 지 얼마 되지 않았을 때, 수업에 참여했던 선생님들 중 한 분(나는 그를 '김 선생님'이라 부른다.)에게서 연락이 왔다. 자신이 근무하는 고등학교 과학 수업 시간에 스마일 학습법을 도입했다는 소식이었다.

첫 수업의 주제는 '소금 결정'이었다. 수업 초반, 학생들은 '소금 결정은 무엇인가?'라는 단순한 질문을 입력했고, 스마일 시스템은 이 질문을 '레벨 1'로 평가했다. 또 다른 학생은 '소금 결정이 생기는 조건 중에서 가장 중요한 것 세 가지는?'이라는 질문을 입력했고, 스마일 시스템은 '레벨 3'으로 평가했다.

한 학생이 '소금을 매염제로 사용하면 소금의 종류는 직물 염색에 어떤 영향을 미칠까?'라는 질문을 입력했고, 스마일 시스템은 '레벨 5'로 평가했다. 그러자 학생들이 "선생님은 이 질문의 답을 아세요?"라고 물었고, 김 선생님은 "아니, 나도 잘 모르겠는데? 우리 한번 같이 알아볼까?"라고 대답했다.

인터넷 검색을 통해서는 명확한 답을 찾지 못했기 때문에 김 선생님과 학생들은 직접 실험 계획을 세우고, 전자현미경을 활용한 실험을 진행했다. 각 항목마다 측정한 값을 정리하고, 관찰 결과를 이미지 데이터로 문서화하며 가설을 하나씩 검증해 갔다. 이 과정을 통해 학생들은 결과를 도출했고, 실험 과정과 결과를 종합해 연구 보고서도 작성했다.

얼마 후 김 선생님과 다른 몇몇 과학 교사들이 해외 학교 사례 탐방 및 연수 프로그램의 일환으로 실리콘밸리를 방문했고, 나는 그들을 스탠퍼드로 초대했다. 김 선생님은 학생들이 작성한 보고서를 보여주며 그때의 경험을 생생하게 공유했다. 이 모든 일이 내가 한국에서 수업을 진행한 지 불과 두 달 만에 일어난 일이었다.

두 달 전 처음 알게 된 스마일 학습법을 현장 수업에 적용한 김 선생님의 실행력도 놀라웠지만, 그보다 더 인상 깊었던 것은 학생들이 책이나 인터넷 어디에도 없는 질문의 답을 찾기 위해 직접 실험을 설계하고, 모든 과정을 하나의 보고서로 정리했다는 점이다. 세상에 없는 가설을 실험으로 검증해 가는 수업이야말로 '진정한 21세기형 학습'이라 할 수 있을 것이다.

질문 중심 학습법은 학생들의 자기주도적 학습을 촉진하고, 창의적인 문제 해결력을 키우는 데에도 결정적인 역할을 한다. 이런 방식을 모든 교과에 적용할 수만 있다면, 우리 교육은 지금까지와는 전혀 다른 모습으로 진화할 것이다. 나는 그 변화 가능성을 믿는다.

질문 중심 학습법이 보여준
놀라운 변화

김 선생님 교실의 성과에 힘입어, 나는 더욱 체계적인 연구를 시도했다. '애스크 스마일'은 생성형 인공지능을 '질문 코치'로 활용해 사용자의 질문을 '기억, 이해, 적용, 분석, 평가, 창의'의 여섯 단계 중 다섯 개 레벨로 분류하고, 이에 맞는 즉각적인 피드백을 제공한다. 이 분류 방식은 '블룸의 인지 분류법 Bloom's Taxonomy'에 기반하며, 학습자가 단순한 지식 암기를 넘어 더 높은 수준의 사고로 확장할 수 있도록 돕는 것을 목표로 한다.

우리 연구팀은 한 교육 컨퍼런스에 참여한 전 세계 2,559명의 교원 및 연구자를 대상으로, 애스크 스마일 웹사이트에서 3개월간 자유 주제의 질문을 수집했다. 그 결과, 총 25,973개의 질문이 모였으며, 참가자 1인당 평균 10개 이상의 질문을 제출한 것으로 나타났다. 인공지능의 코칭 효과는 놀라웠다.

초기에는 '기억'이나 '이해' 수준에 머무르는 단답형, 단순 설명형 질문이 주를 이뤘지만, '다음에는 '왜why'나 '어떻게how' 같은 단어를 사용해 보세요.' '이 질문을 이렇게 바꿔보면 어떨까요?'와 같은 구체적인 피드백을 받으면서 점차 적용이나 분석, 평가 수준의 질문이 늘어났다. 이 과정을 통계적으로 분석한 결과, 참가자 전원의 질문 수준이 유의미하게 상승한 것으로 나타났다.

애스크 스마일 프로젝트의 연구 결과에 따르면, 인공지능의 적절한 지원과 꾸준한 훈련을 통해 모든 연령대의 참가자들이 질문 수준을 향상시킬 수 있다는 사실을 확인했다. 초기에는 '무엇what', '언제when', '누가who'처럼 단순한 사실 확인형 질문이 대부분이었지만, 시간이 지날수록 '왜why', '어떻게how', '만약에what if' 등을 포함한 분석적이고 창의적인 질문의 비율이 눈에 띄게 증가했다.

특히 또래 피드백Peer Feedback(동료 간에 의견이나 조언을 주고받는 활동)과 질문 공유Question Sharing가 질문 수준 향상의 핵심 요인으로 작용했다는 점도 확인할 수 있었다.

질문의 질이 향상되면 학습자의 사고 수준도 자연스럽게 확장되고 정교해진다. 참가자들이 남긴 후기에도 '인공지능이 제공한 명확한 분류 기준과 구체적인 조언 덕분에 무엇을 개선해야 할지 깨달았다' '교실 수업에 적용하면 학생들의 자기주도 학습력이 향상될 것 같다'는 긍정적인 반응이 많았다. 이런 결과는 인공지능을 활용한 질문 중심 학습법이 질문 수준 향상뿐만 아니라 학습자의 인지 구조, 사고 습관, 탐구 태도 전반에 긍정적인 변화를 불러올 수 있음을 보여준다.

인공지능 코치를 과감히 활용하라

지금부터는 가정에서도 인공지능 코치를 현명하게 활용하는 방법을 제안하려 한다. 우선, 자녀가 호기심을 보이는 문제들을 그냥 지나치지 말고, 곧바로 질문 형태로 정리하도록 격려하는 것이 좋다.

예를 들어, '왜 감정은 보이지도 않는데, 정신 건강에 영향을 미칠까?' '왜 사람은 호르몬을 마음대로 만들지 못할까?' '왜 꿈은 잠자는 동안에만 꾸고, 깨고 나면 쉽게 잊어버릴까?' '왜 시간은 누구에게나 똑같이 흐르는데, 느끼는 속도는 사람마다 다를까?' 같은 질문들을 정리해 인공지능 코칭 서비스에 입력해 보는 것이다. 그런 다음 인공지능이 제공한 피드백을 자녀와 함께 살펴보고, 핵심 내용을 다시 요약하거나 중요한 부분을 짚어주면 좋다.

또한 질문을 떠올리는 데서 멈추지 않고, 질문과 관련한 짧은 토론 시간을 갖는 것도 효과적이다. 인공지능의 피드백을 바탕으로 의견을 나누고, "인공지능은 왜 이 질문을 높이 평가했을까?" "다른 방식으로 물어본다면 답은 어떻게 달라질까?" 같은 질문으로 사고를 확장할 수 있다. 이처럼 인공지능의 즉각적인 피드백과 부모의 보충 설명이 결합된다면 자녀의 질문 역량은 물론, 메타인지 능력까지 함께 키울 수 있다.

질문 중심 학습의 효과를 극대화하려면 단순히 '질문해 보세요'라는 권유만으로는 부족하다. 애스크 스마일 프로젝트를 통해 확인한 효과적인 실천 전략은 먼저 아이들이 자유롭게 질문할 수 있도록 '심리적 안전감이 보장된 환경'을 조성하는 것이다. '틀려도 된다'는 안정감 속에서 아이들은 모르는 것을 솔직하게 인정하고, 궁금한 점을 자유롭게 이야기할 용기를 얻는다.

이때 부모나 교사는 정답을 미리 알려주는 존재가 아니라, 함께 답을 찾아가고 탐구하는 친구 같은 역할을 담당해야 한다. 또한 질문한 후에는 아이가 충분히 생각할 시간을 주고, 질문의 종류와 기준을 구체적이고 명확하게 제시하며, 즉각적이면서도 따뜻한 피드백을 제공하는 등 의도적인 개입이 필요하다.

인공지능이라고 해서 무조건 완벽한 것은 아니다. 가끔 질문의 미묘한 뉘앙스를 이해하지 못하거나, 겉으로는 그럴듯하지만 부정확한 답변을 제공할 때도 있다. 따라서 인공지능의 조언을 무비판적으로 받아들이기보다는, 부모와 교사가 검증과 보완 과정을 거치면 좋다.

인공지능은 다양한 관점에서 질문을 발전시킬 수 있도록 유도하고, 사람은 인공지능이 놓친 부분을 채우는 방법이 '인공지능과 인간의 협업 학습'에서 가장 효과적이다.

올바른 질문이 무엇인지 고민하라

'애스크 스마일' 연구는 인공지능이 질문의 창의성을 높이는 훈련에 큰 역할을 할 수 있다는 가능성을 증명했다. 특히 반복적이고 장기적인 훈련이 거듭될수록 그 효과는 더욱 강력해졌다.

가정에서도 아이들의 학습에 인공지능을 최대한 활용하면 좋다. 부모가 자녀의 호기심을 놓치지 않고 창의적인 질문으로 연결하고, 이 과정을 인공지능과 함께 지지한다면 아이들은 '좋은 질문'을 만드는 힘을 기를 수 있다. 이 힘은 인공지능 시대를 살아갈 미래 세대에게 큰 자산이 될 것이다.

다시 한번 강조하지만, 우리가 잊지 말아야 할 것은 질문의 출발점에 '타인을 향한 공감'이 있어야 한다는 점이다. 사람들의 마음을 움직였던 질문들, 예를 들어 부산의 한 중학생이 던진 질문에 모두가 잠시 침묵했던 이유도 그 질문 속에 누군가의 고통과 필요를 외면하지 않는 용기가 있었기 때문일 것이다.

질문 중심 학습은 단순한 교육 방법론을 넘어, 학습자의 주체성과 메타인지 능력을 키우는 미래형 교육 철학이 될 수 있다. 앞으로 다가올 시대에서 학습자는 주어진 지식을 수동적으로 받아들이는 존재가 아니라, 스스로 질문을 발견하고 탐구하는 주체가 되어야 한다.

우리가 다음 세대를 위해 해야 할 일은 기술과 인간이 조화롭게 협력하는 교육 방식을 완성하는 것이다. 인공지능은 인간의 질문을 다듬고 탐구 방향을 제시할 수는 있지만, 어떤 질문이 가치 있는지 판단하는 것은 어디까지나 인간의 몫이다. 따라서 기술을 만드는 개발자나 기업 모두에게 중요한 출발점은 다음과 같은 질문이어야 한다.

- 이 시스템은 성별에 대한 편견을 갖고 있지 않은가?

- 이 앱은 소외계층에도 공평하게 접근할 수 있는가?
- 이 기술이 사회적 약자를 더 소외시키는 결과를 낳지는 않는가?

실리콘밸리의 기업들 역시 제품을 출시한 후에 문제를 해결하는 것보다, 설계 단계에서부터 꼼꼼한 윤리적 검증을 거치는 것이 현명하다는 사실을 깨달았다. 구글의 '인공지능 윤리팀', 마이크로소프트의 '공익을 위한 인공지능 AI for Good', 오픈AI의 '안전성 연구팀'이 모두 '올바른 질문'을 찾는 과업에 집중하는 이유도 여기에 있다.

미래의 기술을 이끌 리더는 '어떻게 만들 것인가?'보다 '왜 만들어야 하는가?' '누구를 위한 것인가?' '어떤 결과를 가져올 것인가?'를 먼저 묻는 사람이어야 한다. 이런 질문이야말로 기술이 오직 사람을 위해 존재하도록 하는 출발점이기 때문이다.

4장

교사, 아이들의
코치로 거듭나라

"대부분의 꿈은 당신을 믿어주고 이끌어주며
앞으로 더 나아갈 수 있도록 돕는 교사로부터 시작된다."

댄 래더 Dan Rather, 언론인

내 삶에서 가장 힘겨웠던 시간은 한국에서 보낸 12년의 학교 생활이었다. 그때만 해도 복종을 미덕으로 강요하고, 체벌이 일상처럼 이어지던 시절이었다. 억압적인 학교 분위기 속에서 숨이 막힐 듯 괴로웠지만, 다행히 집에서는 내가 하고 싶은 일들을 마음껏 해보며 숨 쉴 틈을 찾을 수 있었다.

나는 고장 난 라디오를 고치거나 텔레비전을 분해해 다시 조립해 보는 등 기계를 가지고 노는 것을 좋아하는 아이였다. 방 한구석에서 이것저것 만지며 보내는 시간이 하루 중 가장 행복한 순간이었다. 부모님은 내가 무엇에 관심 있는지 구체적으로 묻지 않으셨지만, 그렇다고 나를 막지도 않으셨다. 오히려 다양한 시도를 해볼 수 있도록 지지해 주는 쪽이었고, '얘가 나중에 과학자가 되려나?'라고 생각하셨다고 한다. 이런 자유로운 분위기 덕분에 집에서만은 궁금한 것들을 마음껏 탐구하며 자랄 수 있었다.

친구를 따라간 컴퓨터 학원에서 강의실 창문 밖으로 수업을 훔쳐보거나, 전자제품 매장에 전시된 컴퓨터에 코드를 입력해 프로그램을 실행해 보며 프로그래밍의 원리를 조금씩 깨우쳤다. 컴퓨터 프로그래밍을 정식으로 배우고 싶었지만 성적이 하위 1퍼센트였기 때문에 부모님께 차마 컴퓨터 학원비를 내달라고 말씀드릴 수는 없었다. 그래서 스스로 돌파구를 찾는 방법을 고민했다. '불평만 하기보다는 어떤 문제든 해결책이 있다고 믿는 편이 낫다'고 생각한 것도 그 무렵이었다. 아버지는 내가 공업고등학교에 진학하길 바라셨지만, 내 시선은 이미 다른 세상을 향해 있었다.

더 넓은 세상을 경험해 보고 싶다는 바람은 나를 미국행 비행기에 오르게 했다. 처음에는 반대하시던 부모님도 결국 내 결정을 존중해 주셨다. 하지만 내 앞날을 걱정한다는 이유로 상처가 되는 말을 서슴지 않는 사람들도 많았다. 그런 부정적인 시선을 뒤로하고, 동양인은 한 명도 찾아볼 수 없는 미국의 한 시골 학교에 발을 들였다. 처음에는 언어 장벽 때문에 많은 어려움이 있었지만, 다행히도 좋은 스승과 친구들을 만나 조금씩 적응할 수 있었다. 내일은 또 무엇을 배울지 설레는 마음으로 잠자리에 들던 날들이 쌓여 어느덧 35년이 흘렀다.

어린 시절, 궁금한 것은 무엇이든 내 손으로 뜯어보고 확인하던 경험은 미국 생활에 적응하는 데도 큰 힘이 되었다. 남이 정해준 길을 따라가는 대신 스스로 목표를 세우는 태도, 시행착오를 겪더라도 포기하지 않고 한 걸음씩 나아가는 자세가 내 삶의 동력이 되어 준 것이다.

모든 학생이 나와 같은 길을 걸어야 한다고 생각하지도 않고, 내 방식이 옳다고 강조할 생각도 없다. 하지만 매일 학교와 학원을 오가느라 정작 자신이 무엇을 좋아하는지, 진짜 하고 싶은 일이 무엇인지조차 모른 채 살아가는 아이들을 보면 너무 안타까운 마음이 든다.

아이들에게 바라는 점이 하나 있다면 '세상은 신기하고 재미있는 것들로 가득하며, 미래는 무한한 가능성으로 열려 있다'는 사실을 깨닫는 것이다. 특히 스스로를 '공부 못하는 아이', '남들보다 부족한 아이'라고 여기며 방황하는 아이들이 있다면, '우리 모두에게는 남과 다른 강점이 분명히 있고, 그 강점을 통해 세상을 더 멋지게 만들 수 있다'는 말을 전하고 싶다.

배움에는 정해진
모양이나 속도가 없다

평소 친하게 지내던 고등학교 선생님의 소개로 아스퍼거 증후군 Asperger Syndrome 진단을 받은 에이든(실명이 아닌 가명으로 소개한다)을 만났다. 에이든의 담임 선생님은 에이든이 컴퓨터에 흥미를 보이지만, 어떻게 지도해야 할지 모르겠다고 했다. 같은 반 친구들은 에이든이 괴짜 같다며 잘 어울리려 하지 않았고, 에이든은 학교에서 혼자 밥을 먹거나 구석에서 조용히 시간을 보내는 경우가 많았다.

처음 아이와 대화를 나눴을 때 겉으로는 눈에 띄는 특별한 점을 발견하지 못했다. 혼자 중얼거리는 일이 많긴 했지만, 질문에도 곧잘 대답했고, 의사소통에도 큰 어려움은 없어 보였다. 그러나 함께 온 부모님은 에이든이 나중에 사회생활을 어떻게 할지, 직장에서 잘 적응할 수 있을지 걱정하고 있었다.

에이든이 특별히 관심을 보이는 것이 있는지 물었더니, 새를 무척 좋아한다고 했다. 집에서 새를 키우게 허락했더니 학교에서 돌아오면 가장 먼저 새장부터 살핀다고 했다. 또 컴퓨터 게임도 좋아한다고 했다. 에이든이 코딩을 해본 적이 있냐고 묻자, 집에서 조금 시도해 봤다고 대답했다. 그래서 "아두이노나 라즈베리 파이 같은 프로그래밍 플랫폼을 사용해 본 적 있어?"라고 묻자, 에이든은 갑자기 각 프로그램의 버전별 차이점을 조목조목 설명하기 시작했다.

에이든은 세세한 차이점까지 정확히 기억하고 있었고, 억지로 외운 것이 아니라 마치 재미있는 이야기를 들려주는 것처럼 자연스럽고 신나 보였다. 그 모습을 보며 나는 에이든이 자기가 좋아하는 분야에서는 '세세한 부분까지 꼼꼼히 이해하고 기억하는 능력'을 가지고 있다는 사실을 알게 되었다. 에이든의 강점을 발견한 순간이었다.

에이든은 나와 직접 눈을 마주치진 않았지만, 내가 묻는 질문에 성실히 대답했고 집중력도 뛰어났다. 이 아이를 어떻게 코칭하면 좋을지 한참 고민하다가, 새와 관련된 프로젝트를 하나 제안해 보았다. 그러자 아이의 눈이 반짝이기 시작했다. 먼저 집에 있는 보드에 마이크를 연결해 새소리를 녹음해 보라고 권유하며, 대학 연구소에서 온라인에 공개한 새소리 모음집을 찾아 소리를 분석해 보라고도 이야기 했다. 에이든은 신이 나서 집으로 돌아갔다.

일주일 후 다시 만났을 때, 에이든은 보드에 마이크를 장착하는 과정이 생각보다 어렵다고 털어놓았다. 그러면서 녹음 시작과 종료 타이밍, 새소리인지 아닌지 구분하는 알고리즘, 녹음 시간과 파일 크기, 샘플링 주파수, 마이크의 종류와 보드의 호환성과 관련한 수많은 질문을 쏟아냈다.

나는 세세한 설명보다는 큰 그림을 그리는 방식으로 방향을 제시했다. 에이든이 사는 지역의 새소리를 채집해 분류하고 저장한 뒤, 대학에서 공개한 모음집과 함께 구글 텐서플로TensorFlow(구글이 개발한 오픈소스 머신러닝 라이브러리로, 인공지능 모델을 만드는 데 사용하는 도구)를 활용해 인공지능 모델을 학습해 보라고 제안했다. 에이든은 내 설명을 노트에 꼼꼼히 적은 다음 집으로 돌아갔다.

다음 주에 다시 만난 에이든은 프로그램이 잘 실행되지 않는다며 답답해하는 눈치였다. 자신이 사용하는 맥북에서는 인공지능 모델이 제대로 작동하지 않아서 다른 운영 체계를 설치해야 한다고 말했다. 여기저기 막히는 부분이 많아 보여서, 나는 "그렇게 힘든데 계속할 수 있겠니? 이제 그만둘 거야?"라고 조심스럽게 물었다. 그러자 에이든은 망설임 없이 고개를 저으며 "아니요!"라고 대답했다.

일주일 후 다시 만났을 때 에이든은 마침내 프로그램을 제대로 실행했다며 환하게 웃었다. 맥북에 새로운 컴퓨터 환경을 설치하고, 자신이 만든 모델을 무사히 작동시켰다는 것이다. 우리는 지금부터 시도해 볼 수 있는 다양한 가능성에 대해 이야기했다. 우선 에이든이 만든 인공지능 모델로 새소리를 분석하고, 소리의 속도와 높이, 음정 등 열두 가지 변수를 조정해 재생한 다음, 실제 새들의 반응을 관찰하기로 했다. 이 모든 과정을 영상으로 기록하고, 분석 리포트를 작성하는 계획도 세웠다.

학교에서 괴짜 취급을 받으며 혼자 밥을 먹던 에이든은 자신이 좋아하는 것들을 주제로 대화할 수 있는 사람을 만났다는 사실 하나만으로도 큰 기쁨을 느낀 것 같았다. 새소리 프로젝트를 성공적으로 마친 후, 에이든은 이제 대학원생들이 도전하는 수준의 프로젝트를 혼자서 하나씩 완성해 가고 있다.

우리 주변을 살펴보면, 에이든처럼 놀라운 재능을 가진 아이들이 생각보다 많다는 사실을 알 수 있다. 하지만 겉으로 드러난 몇몇 모습만 보고 '문제아'로 낙인찍었을지도 모른다. 에이든 같은 아이들에게 방향을 제시할 수 있는 누군가가 나타난다면, 머지않아 학교 곳곳에 수많은 개인 인공지능 연구소가 생겨날지도 모른다.

에이든은 데이터 분석과 인공지능 관련 문제를 다루는 국제 대회인 '글로벌 케글 챌린지Kaggle Challenge' 출전을 준비하고 있다. 우승 상금은 약 5만 달러에 이른다. 수상 여부보다 중요한 것은 에이든의 도전이 다른 아이들에게도 강력한 자극이자 본보기가 될 수 있다는 점이다. 에이든은 앞으로 조류 연구가나 환경운동가 혹은 인공지능 전문가가 될 수도 있다. 에이든이 세상을 더 나은 곳으로 바꾸는 인물이 된다면, 누구도 그를 교실 구석에서 혼자 밥을 먹던 아이로 기억하지 않을 것이다.

에이든처럼 눈에 잘 띄지 않는 아이들 중에도, 적절한 도움만 받는다면 놀라운 역량을 발휘할 수 있는 잠재력을 가진 경우가 많다. 배움에는 정해진 모양이나 속도가 없다. 다르거나 느리다는 이유만으로 가능성이 사라지지는 않는다.

어른들이 해야 할 일은 아이들의 잠재력을 관심 있게 살피고, 그들이 안전하게 자신의 역량을 펼칠 수 있는 환경을 만들어 주는 것이다. 어떤 아이도 누군가의 신뢰와 지지만 있다면 충분히 변할 수 있다. 아이의 가능성을 믿고 안내자가 되어줄 단 한 사람이 필요할 뿐이다.

교사는 길을 안내하는 코치가 되어야 한다

전통적인 교육 방식에서는 교사가 앞에 서서 설명하고, 학생들은 조용히 앉아서 듣는 모습을 당연하게 여겼다. 질문은 교사가 하고, 학생들은 정답을 찾는 역할이었다. 평가 또한 학생이 얼마나 많은 정보를 정확하게 기억하고 있는지 측정하는 데 초점이 맞춰져 있었다.

하지만 이제는 상황이 달라졌다. 단순히 정보를 전달하는 역할만으로는 교사의 존재 이유 자체가 사라질 수밖에 없다. 앞으로 교사가 해야 할 일은 학생 한 명 한 명과의 관계 맺기를 통해 아이의 관심 분야를 발견하고, 이것을 확장할 수 있는 방향을 제시하는 것이다. 또 아이가 막히는 부분에서는 큰 그림을 보여주며 격려하는 역할도 중요하다. 교사는 지식을 일방적으로 전달하는 사람이 아니라, 학생이 스스로 원하는 것을 찾고 탐구할 수 있도록 돕는 코치이자 안내자가 되어야 한다.

코치가 된 교사의 여섯 가지 역할

코치는 선수를 대신해 경기에 나서지 않는다. 대신 선수가 자신의 잠재력을 최대한 발휘할 수 있도록 옆에서 도울 뿐이다. 선수의 강점을 살리고 약점을 보완할 방법을 제시하고, 목표를 향해 꾸준히 나아가도록 지원한다. 교육도 마찬가지다. 교사는 학생을 대신해 공부할 수는 없지만, 학생이 스스로 배우고 성장할 수 있도록 곁에서 돕는 코치가 될 수 있다.

그렇다면 교사는 코치로서 어떤 역할을 맡아야 할까? 가장 먼저 '맞춤형 학습 설계자'가 되어야 한다. 지금까지는 교사가 미리 정해진 커리큘럼을 모든 학생에게 동일하게 전달했다면, 앞으로 교사는 학생의 관심 분야와 발달 수준에 맞는 '개인화된 학습 경험'을 설계해야 한다. 예를 들어, 새와 코딩에 관심이 있던 에이든에게 내가 새소리 프로젝트를 제안했던 것처럼, 학생의 호기심과 강점을 중심에 둔 의미 있는 학습 활동을 창조하는 것이 교사의 중요한 역할이다.

단순히 연관성 높은 지식이나 정보를 전달하는 수준이 아니라, 학생이 몰입할 수 있는 실제적 학습 환경을 구현하는 것이 중요하다. 같은 수학 개념이라도 음악을 좋아하는 학생에게는 리듬과 박자를 중심으로, 운동을 좋아하는 학생에게는 스포츠 통계라는 개념으로 접근할 수 있다.

둘째, 교사는 '질문 생성 촉진자'가 되어야 한다. 질문 생성 촉진자는 정답을 곧바로 제시하는 사람이 아니라, 학생이 스스로 의미 있는 질문을 만들어내도록 돕는 사람이다. 예를 들어, 에이든이 새소리를 녹음하는 과정에서 기술적 문제와 관련한 수많은 질문을 했을 때, 나는 각각의 문제에 직접적인 해결책을 제시하지는 않았다. 대신 "이 오류 메시지를 챗지피티로 분석해 볼까?" "맥북에서 안 된다면 우분투나 구글 클라우드에서 시도해 보면 어떨까?"와 같은 확장형 질문으로 방향만 제시했을 뿐이다. 좋은 질문은 답을 찾는 데서 끝나지 않고, 학생이 탐구와 발견의 길로 스스로 나아가게 만드는 출발점이 된다.

셋째, 교사는 '성장 과정의 지원자'가 되어야 한다. 학생의 현재 수준과 학생의 잠재력 사이 간극을 파악하고, 이 틈을 메울 수 있는 도전적이면서도 달성 가능한 목표를 설정하는 역할이다.

에이든이 프로그램을 제대로 실행하지 못해 힘들어했을 때, 내가 "여기까지 왔는데 포기할 거야?"라고 확인한 이유도 아이가 스스로의 가능성을 믿고 끝까지 도전하도록 자극하기 위해서였다. 실패와 좌절은 또 다른 배움의 기회가 될 수 있다. "와, 이게 되네! 그럼 저것도 가능하겠네?" "이게 안 된다면 다르게 접근해 볼까?"와 같은 질문을 통해 학생이 끊임없이 시도하고 성장할 수 있도록 도울 수 있다.

넷째, 교사는 '학습 리소스 큐레이터'가 되어야 한다. 학습 리소스 큐레이터란 학생이 배움에 필요한 자료를 스스로 찾고 활용할 수 있도록 안내하는 사람이다. 방대한 정보 속에서도 학생에게 꼭 맞는 자원과 기회를 선별하고 연결하는 것이 이 역할의 핵심이다.

에이든에게 새소리 모음집을 찾아보도록 제안하거나 텐서플로를 활용한 인공지능 모델 학습을 안내했던 것처럼, 교사는 학생의 수준과 흥미, 목표에 적합한 자료를 적절한 시기에 제공해야 한다. 예를 들어, 초보자에게는 기초 자료와 쉬운 실습 환경, 어느 정도 익숙해진 학생에게는 심화 자료와 도전적인 프로젝트를 제시하는 식으로 단계적인 학습 설계가 필요하다.

에이든을 처음 만났을 때, 나는 약간의 코칭만으로도 이 아이가 스스로 길을 찾을 수 있겠다는 확신이 들었다. 자신이 좋아하는 것에 관심을 기울여 주는 사람이 있다는 사실이 에이든에게는 가장 큰 배움의 동력이 되었을 것이다.

다섯째, 교사는 아이들의 '공동 학습자'가 되어야 한다. 권위적인 전문가의 위치에서 내려와 학생과 눈높이를 맞추고 함께 배우는 역할을 맡는 것이다. 에이든이 새로운 문제에 부딪힐 때마다, 나 역시 최신 기술 동향을 찾아보고 함께 공부했다.

교사라면 모든 것을 알고 있어야 한다는 생각에서 벗어나, 학생과 함께 고민하고 탐구하는 태도를 보여야 한다. "이건 선생님도 몰라. 선생님도 처음 보는 방식이네. 우리 함께 알아볼까?"라고 말할 수 있는 용기가 필요하다. 이런 태도는 학생들에게 '평생 학습'의 좋은 본보기가 될 뿐만 아니라, 불확실성과 혼란까지 열린 시선으로 바라보는 힘을 길러준다.

마지막으로, 교사는 '메타인지 멘토'가 되어야 한다. 메타인지 멘토는 학생이 자신의 사고 과정과 학습 전략을 스스로 인식하고 발전시킬 수 있도록 돕는 역할이다. 프로젝트를 진행하는 과정에서 막히는 지점을 점검하고, 효과적인 전략이나 문제 해결 방법을 탐색하며, 학생이 스스로 학습 과정을 조절할 수 있도록 안내하는 것이다.

에이든의 경우, 프로그램 개발 과정을 적은 노트를 나와 공유했는데, 아이가 기록한 것들을 보며 아이만의 강점과 약점을 더 깊이 이해할 수 있었다. 나는 가끔 격려의 말이나 궁금한 점들을 노트에 짧게 남겼고, 에이든은 복잡한 문제를 체계적으로 해결하는 전략을 자연스럽게 익혔다. 메타인지 능력은 특정 교과에 한정되지 않고, 어떤 분야에서도 평생 활용할 수 있는 핵심 역량이다. 따라서 이 역량을 키우기 위해서는 의도적이고 체계적인 훈련이 필수적이다.

효과적인 코칭을 위한 핵심 원리

앞서 소개한 여섯 가지 역할을 효과적으로 수행하기 위해서는 다음의 네 가지 핵심 원리부터 이해해야 한다.

첫째, 학생 개인의 자율성을 보장해야 한다. 학생에게 선택권을 부여하고, 외부의 통제와 압력을 최소화해야 한다. 에이든에게 새소리 프로젝트를 제안했을 때, 이 과정이 오랜 시간이 걸릴 일임을 알았기에 아이가 스스로 결정할 시간을 충분히 주기 위해 나 또한 마음의 준비를 했다.

"어때? 한번 해볼까?"라고 제안한 다음에는 아이가 흥미를 느끼고 스스로 선택할 수 있도록 기다렸다. 프로젝트를 진행하는 과정에서도 아이가 방법을 구상하고 결정할 수 있도록 자율성을 보장했다. 녹음 방법을 선택하는 것부터 알고리즘을 설계하는 것까지 핵심적인 결정권은 항상 아이에게 있었다. 자율성은 내재적 동기를 자극하고 자기주도적 학습 능력을 기르는 데 필수적인 요소이기 때문이다.

둘째, 강점 기반으로 접근해야 한다. 아이의 약점이나 부족한 점에 집중하기보다는, 잠재력과 강점에 초점을 맞추는 것이 핵심이다. 나는 에이든이 사회적 상호작용에 어려움을 겪는다는 사실보다 아이의 놀라운 집중력과 기억력에 주목했다.

"너는 기술적인 부분을 정확하게 파악하는구나."라고 인정하며, 이 강점을 다른 영역까지 확장할 수 있는 세부 전략을 세웠다. 강점 기반 접근법은 학생의 자신감을 높이고, 학습에 대한 긍정적 정체성을 형성한다. 약점을 없애는 데 초점을 맞추는 것보다 강점을 더욱 강화하고 이를 다른 영역으로 전이시키는 방법이 훨씬 더 발전적이다. 하지만 우리 주변에는 여전히 남과의 비교 속에서 아이의 부족한 점에 주목하는 시선이 적지 않다.

셋째, 학습이 학생의 실제 생활 및 관심 분야와 연결되어야 한다. 지식은 일상과 동떨어진 추상적인 개념이 아니라, 학생이 실제로 경험한 문제나 관심사와 이어져야만 학습의 의미도 깊어진다.

에이든의 경우, 새소리 프로젝트는 그가 사랑하는 새를 대상으로 한 탐구였기 때문에 몰입도와 지속성이 높았다. 이런 실질적인 연결이 학습 동기를 자극하고, 지식의 전이와 적용 능력을 강화한다. 학생이 '왜 이걸 배워야 하지?'라고 생각하지 않고, '이걸 배우면 내가 관심 있는 일을 더 잘할 수 있겠구나'라고 느끼게 하는 것이다.

마지막으로, 전인적으로 접근해야 한다. 전인적 접근은 학습을 인지적 발달의 수단으로만 보지 않고 사회적, 정서적, 윤리적 성장까지 함께 고려한다는 뜻이다. 에이든이 새소리 연구로 얻은 것은 기술이나 지식만이 아니었다. 자신이 좋아하는 주제를 깊이 탐구하는 몰입의 즐거움, 난관을 스스로 극복하며 얻은 성취감, 그리고 자신의 연구가 환경보호에 기여할 수 있다는 믿음까지 함께 경험했다. 이처럼 '전인적 접근'은 학습을 단절된 지식 전달이 아닌 삶과 연결된 경험으로 전환시키고, 학습자가 성숙하고 균형잡힌 인격체로 성장하도록 돕는다.

학생 평가는
어떻게 해야 할까?

이제는 '학생이 정답을 찾을 수 있는가?' '어떤 과제를 제출하는가?' '어떤 수준의 문제를 풀 수 있는가?'에 초점을 두지 않고, 어떤 과정을 거쳐 결과에 도달했는지에 관심을 기울여야 한다. 결과 중심으로 평가하는 전통적인 교육 방식에서 벗어나 과정을 의미 있게 평가할 수 있도록 돕는 도구가 바로 인공지능이다.

한 학생이 문제를 이해하는 단계부터 결과를 도출하기까지 무슨 질문을 남겼는지 살펴보면, 어떤 사고 과정을 거쳐 결론에 이르렀는지 확인할 수 있다. 또한 결과물이 만들어지는 과정도 자세히 확인할 수 있다.

교사가 학생 한 명 한 명을 직접 평가하는 일은 너무 광범위하고 시간도 많이 소요되지만, 인공지능과 협업하면 평가 과정도 간소화하고 시간도 절약할 수 있다. 앞으로의 교육 현장에서 인공지능은 평가 과정의 핵심 도구로 자리 잡을 가능성이 크며, 특히 심층적 평가가 필요한 과제에서 그 역할은 더욱 중요해질 것이다.

예를 들어, 단순히 '에세이'라는 결과물만 제출하게 한다면 학생이 인공지능을 어떻게 활용했는지 알 수 없다. 그러나 에세이를 쓰는 전 과정을 단계별로 설명하도록 요구하면 학생이 스스로 탐구하는 단계를 거쳤는지, 아니면 인공지능에게 전적으로 의지했는지 명확히 구분할 수 있다.

학생이 인공지능에 100퍼센트 의존해 에세이를 완성했다면, 그 결과물은 평가를 위한 과제로서 가치가 없다. 하지만 인공지능을 활용하는 동안 끊임없이 질문하고 의미 있는 협업 과정을 거쳤다면, 이 과제는 충분히 평가할 만한 가치가 있다. 나는 학생들에게 단순히 에세이를 써 오라거나 문제의 정답을 찾아오라는 식의 과제를 내지 않았다. 대신, 인공지능을 적극적으로 활용해야 완성할 수 있는 자신만의 솔루션을 개발하고, 그 과정을 단계별로 기록하고 공유하도록 했다. 배움의 본질에 좀 더 가까운 과제라고 볼 수 있다.

프로젝트 중심의 코칭이
효과적인 이유

미래 산업의 가장 큰 특징 중 하나는 융합과 협업을 중심으로 발전한다는 점이다. 한 분야의 지식만으로는 해결하기 어려운 복잡한 문제가 점점 늘고 있으며, 다양한 배경을 가진 사람들이 힘을 모아야만 해법을 찾을 수 있는 경우가 대부분이다.

이런 변화 속에서 교사는 교과의 경계를 넘어, 현실 세계의 문제들을 교실로 가져오는 역할을 해야 한다. 그래야만 학생들이 살아 있는 지식을 습득하고, 사회에 기여할 수 있는 실질적 역량을 기를 수 있다. 예를 들어, 에이든의 새소리 프로젝트 역시 조류학자나 환경보호 단체와 연결했다면 더 깊이 있고 의미 있는 학습으로 발전했을 것이다. 교사는 이런 연결성을 제공하는 다리 역할을 할 수 있다.

또한 학생의 눈높이에 잘 맞으면서도 현실적인 문제를 해결하는 경험을 제공하는 것이 매우 중요하다. 그런 면에서 '사회 문제 해결 프로젝트'는 훌륭한 접근 방식이다. 예를 들어 환경 문제, 고령화 현상, 에너지 부족, 교통 체증, 미래 식량 문제, 공해 문제 등 실제로 내 주변에서 일어나는 현상에 대한 자신만의 솔루션을 설계해 보는 경험은 학생들에게 '나도 사회에 기여할 수 있다'는 주체적 동기를 심어준다. 사실 조금만 관심을 기울이면 초등학생도 참여할 수 있는 다양한 '융합형 프로젝트'를 찾을 수 있다.

예를 들어 '양로원에 기증할 채소 기르기 프로젝트'는 여러 교과를 통합하는 살아 있는 학습이다. 과학(식물 성장 관찰과 토양 연구), 수학(수확량 계산과 성장 그래프 작성), 국어(어르신께 드릴 편지 쓰기), 미술(채소 포장재 디자인), 윤리(나눔의 의미 찾기)를 통합한 방식이다. 아이들은 씨앗을 심으며 생명의 소중함을 배우고, 채소의 성장 과정을 기록하며 관찰력을 기르고, 수확한 채소를 양로원에 전달하며 세대 간 소통의 의미를 깨달을 수 있다.

'새 둥지 만들기 프로젝트'도 훌륭한 활동이다. 과학 시간에는 새들의 특성과 생태를 배우고, 미술 시간에는 자연 친화적인

재료를 활용해 새의 특성에 맞는 둥지를 디자인한다. 수학 시간에는 새 둥지 설계도를 그려보고, 체육 시간에는 둥지를 설치하기 좋은 장소를 탐색한다. 환경보호 전문가와 함께 둥지를 설치하는 활동으로 이어져도 좋다. 몇 달 후 직접 만든 둥지에 새가 잘 정착했는지 확인하는 순간은 어떤 교과서 속 지식보다 생생하게 기억에 남을 것이다.

이 프로젝트를 지역 주민이나 환경 단체에 설명하고 협조를 얻는 과정도 중요한 학습이다. '어떻게 하면 이 프로젝트를 더 의미 있고 공감 가는 방식으로 설명할 수 있을까?' 고민하면서 학생들은 타인의 입장을 이해하고, 자신의 생각을 설득력 있게 전달하는 역량을 기를 수 있다.

실생활 중심의 프로젝트를 통해 학생들은 하나의 문제를 여러 관점으로 분석하고, 다양한 이해관계자의 입장을 이해하며, 추상적인 이야기가 아닌 현실에서 실현 가능한 해결책을 찾는 능력을 기르게 된다.

교사는 이 과정에서 학생들이 쉽게 지치거나 좌절하지 않도록 적절한 지원을 제공해야 한다. 또한 학생들이 겪는 어려움이나 제약을 함께 고민하며, 상황에 맞는 최선의 해결책을 찾을 수 있도록 코칭하는 역할을 해야 한다.

세계의 코칭 교육 사례

전 세계의 많은 교육자가 코칭 기반 교육의 가능성을 적극적으로 탐구하고 있다. 이들의 경험과 성과를 살펴보면, 코칭 기반 교육이 이론적인 측면뿐 아니라, 실제 교육 현장에서도 매우 효과적인 방법임을 확인할 수 있다.

핀란드는 2016년부터 공식 교육과정에 '현상 기반 학습'을 도입했다. 이 학습법은 교과목의 경계를 넘어 실제 세상의 현상과 문제를 통합적으로 다룬다. 이 과정에서 교사는 전반적인 학습을 이끄는 코치 역할을 맡는다. 학생들의 질문과 관심 분야를 중심으로 수업을 설계하고, 지속적인 대화와 피드백을 통해 심층 학습을 촉진한다. 그 결과 학생들의 비판적 사고력과 통합적 문제 해결 능력이 향상되었으며, 학습 참여도 또한 높아졌다. 이와 더불어 교사들 역시 직업적 만족감을 높이고 전문성과 자율성을 강화할 수 있었다.

호주 브리즈번의 한 학교는 '코칭 문화'를 학교 운영의 핵심에 두고 있다. 전통적인 학년 제도와 교과 구분을 없애고, 학생 주도의 탐구와 코칭 지원을 바탕으로 교육 모델을 재구성했다. 모든 교사는 '학습 코치'로서 학생의 개별 학습 여정을 지원하며, 매주 1:1 코칭 시간을 통해 새로운 목표를 설정하고 진행 상황을 점검한다.

학생들은 학습 목표와 평가 방식을 스스로 설계하며, 여러 학년이 함께하는 학습 공동체와 멘토링 체계 속에서 성장한다. 이 학교는 학업 성취도뿐만 아니라 학생들의 전반적인 만족도에서 높은 평가를 받았으며, 자기주도력과 창의적 문제 해결 능력에서도 두드러진 성과를 보였다.

중국 상하이의 일부 혁신 학교들은 인공지능 튜터와 교사가 협력하는 새로운 교육 모델을 실험하고 있다. 이 시도는 중국 정부의 '차세대 인공지능 발전 계획'의 일환으로, 학생 개개인의 특성과 필요에 맞춘 학습을 지원하고, 교사의 행정 업무 부담을 줄이는 것을 목표로 한다. 특히 기술 혁신의 중심지인 상하이 푸둥 신구 Pudong New Area 시범 구역에서는 다양한 '스마트 스쿨' 프로젝트가 활발히 진행 중이다.

인공지능은 방대한 데이터를 빠르게 처리하고, 다양한 패턴을 분석하는 데 강점을 보이며, 교사는 정서적 지원과 창의적 사고 촉진에서 중요한 역할을 담당한다. 상하이의 루완 중학교 외 몇몇 학교들은 인공지능을 활용해 학생들의 학습 이해도를 실시간으로 파악하고, 교사에게는 학생의 개별 상태를 한눈에 파악할 수 있는 화면을 제공하는 방식으로 '교육 정보화 2.0' 프로젝트를 운영하고 있다.

예를 들어, 스퀴럴 AI^{Squirrel AI} 시스템은 학생이 문제를 푸는 속도, 반복적으로 틀리는 유형, 수업 집중도 등을 분석해 학습 내용과 난이도를 즉시 조정하고, 개인별로 가장 효과적인 학습 순서를 제안한다. 교사는 이 데이터를 바탕으로 학생의 강점을 강화하고 약점을 보완할 수 있다. 예를 들어, 오전 시간대에 수학적 사고력이 활발하고 시각 자료 이해도가 높은 학생에게는 도표와 그래프가 포함된 수학 문제를 이 시간에 집중적으로 제공하는 방식이다.

이 모델은 이미 의미 있는 성과를 보이고 있다. 스퀴럴 AI와 지방 정부의 공동 연구 결과, 이 모델을 도입한 뒤 학생들의 학습 효율이 20~30퍼센트가량 향상되었고, 학생 참여도도 크게 높아졌다. 교사들은 단순 채점이나 진도 관리 같은 반복 업무에서 벗어나 정서적 케어와 멘토링 같은 인간적 상호작용에 더 많은 시간을 쓸 수 있게 되었다.

다만, 이 모델이 아직 모든 학교에 확산된 것은 아닌 데다, 개인정보 보호와 감시 우려, 인공지능 의존성에 대한 비판도 존재한다. 상하이의 여러 학교들은 인공지능의 데이터 분석 능력과 교사의 지도 역량을 결합하는 협업 구조를 모색하면서 잠재적 부작용을 최소화하기 위한 노력도 함께 기울이고 있다.

뉴질랜드에서도 비슷한 학습법을 적용하는 학교가 있다. 이곳에서는 성적만으로 학생의 성과를 평가하지 않으며, 학업적 성취와 정서적 안정을 동등하게 다룬다. 교사들은 학습 코치이자, 정서 지원자의 역할을 맡아 학생을 돕는다. 매일 아침 '체크인' 시간을 통해 학생의 감정 상태를 살피고, 다양한 도구를 활용해 감정을 표현할 수 있도록 지원한다. 스트레스 징후를 발견하면 원인을 함께 찾고 해결 방법을 모색하며, '매일 30분 동안 산책하기'와 같은 생활 목표도 설정해 정기적으로 점검한다.

OECD 조사에 따르면 코칭 중심의 학습 문화가 도입된 이후 뉴질랜드 학생들의 만족도와 정신 건강 상태가 크게 개선되었고, 학업 성취도 역시 안정적으로 유지되었다. 정서적 안정감이 학업 성취뿐 아니라 전반적인 생활 만족도를 높이는 데 중요한 역할을 한 것이다.

코칭 문화는 학교를 넘어 기업에도 도입되었다. 구글은 '프로젝트 옥시젠Project Oxygen' 연구를 통해 좋은 리더는 지시를 내리는 사람이 아닌 팀원들의 성장을 돕는 '코치'라는 사실을 강조했다. 이 개념을 바탕으로 구글은 모든 매니저가 코칭형 리더로 성장할 수 있도록 전사적 프로그램을 운영했다.

전 매니저를 대상으로 코칭 기술 훈련을 제공하고, 직원 개인의 성장과 발전을 중심으로 한 성과 관리 시스템을 도입한 결과, 직원들의 만족도가 75퍼센트가량 향상되었으며, 팀 분위기와

팀별 성과, 혁신성도 크게 개선되었다. 2000년대 중반에 시작한 구글의 프로젝트 옥시젠은 오늘날까지도 글로벌 리더십 개발의 대표적인 성공 사례로 평가받는다.

인공지능으로
자기주도력을 키우는 법

생성형 인공지능의 물결이 본격적으로 밀려오기 시작할 무렵, 나는 스탠퍼드에 재직하며 생성형 인공지능을 활용한 '스탠퍼드 스마일 코칭Stanford Smile Coaching' 시스템을 설계했다. 교육 현장에서 '코칭'이란 개념이 주목받기 시작하면서, 이 시스템을 도입하려는 학교도 점점 늘어났다.

'스탠퍼드 스마일 코칭'은 20여 년간 다양한 학생을 코칭하며 얻은 경험을 인공지능 기술로 구현한 결과물이다. 새를 좋아하던 에이든을 비롯해 수많은 학생과의 만남을 통해 깨달은 점은 '모든 학생이 저마다 다른 관심 분야와 잠재력을 가지고 있다'는 사실이었다.

개별 코칭 사례가 점점 늘어나면서 나 혼자서는 모든 학생을 돕는 데 한계가 있음을 실감했다. 그래서 사용자에게 맞춤형 코칭을 제공하고, 스스로 자신의 미래를 설계할 수 있는 시스템을 만들기로 했다. 사용자가 관심 있는 분야, 감명 깊게 읽은 책, 좋아하는 과목, 자주 사용하는 디지털 도구, 취미, 학년, 거주 지역 등의 정보를 입력하면 인공지능이 이를 분석해 다음과 같은 맞춤형 제안을 제공한다.

- 앞으로 읽어보면 좋을 책
- 호기심을 확장할 수 있는 활동이나 장소
- 탐구할 만한 질문
- 창업을 고려할 경우 시도해 볼 만한 아이디어

스마일 코칭 시스템은 학생 각자가 자신만의 학습 여정과 성장 가능성을 발견할 수 있도록 설계한 인공지능 기반 코칭 도구다. 이 시스템을 여러 지역의 학생 및 교사들에게 소개했을 때, 다행히도 매우 긍정적인 반응을 얻었다. 특히 오랫동안 학생 진로 상담을 맡아온 교사들이 시스템을 열렬히 환영했다.

교사가 학생의 성향을 파악하려 노력해도, 실제로 학생에게 전달할 수 있는 조언은 형식적인 수준에 그치는 경우가 대부분이다. 하지만 스마일 코칭 시스템을 활용할 경우, 학생의 개별 정보를 분석해 창의적이고 실질적인 아이디어를 제공할 수 있다는 점에서 큰 호응을 얻었다.

한국의 한 교육 관계자는 이 시스템이 학생들이 스스로 떠올리기 어려운 탐구 주제나 미처 상상하지 못한 맞춤형 진로 경로를 제시하기 때문에 코칭 리포트를 읽는 것만으로도 학생들에게 명확한 학습 동기를 제공한다고 평가했다.

스마일 코칭 시스템의 효과를 좀 더 구체적으로 보여주기 위해 '희정'이라는 가상의 고등학교 1학년 학생을 예로 들어 설명하려 한다. 희정이는 평소 내성적이고 말수가 적어 선생님과의 대화를 부끄러워하지만, 미술을 좋아하고 디지털 페인팅 도구를 능숙하게 다룬다. 또한 코딩에 대한 기본 지식도 있고, 반려동물에 대한 관심도 크다.

이 정보를 스마일 코칭 시스템에 입력하면, 시스템은 희정이의 관심사와 강점을 종합해 맞춤형 코칭을 제공한다. 예를 들어, 반려견 건강 관리 앱을 개발하거나, 사람과 반려견의 행복한 순간을 디지털 아트로 표현하는 창업 아이디어를 제안하는 방식이다.

창업이나 경영, 스타트업 준비에 도움이 되는 도서 목록과 함께, 같은 분야에서 실제로 성공한 사람들의 사례도 제공한다. 또한 희정이가 좋아하는 것과 그동안 참여해 온 활동을 바탕으로, 대학 입시 준비에 활용할 수 있는 자기소개 에세이도 함께 구상할 있다. 이 과정에서 학생은 자신의 관심 분야와 역량을 명확히 인식하고, 좋아하는 활동을 기반으로 미래를 설계하며 '앞으로 이렇게 준비하면 되겠구나'라는 자신감을 얻을 수 있다.

이 에세이는 '6C 역량'을 반영하도록 설계되어 있다. 대학 입학 이후의 미래 모습에서 출발해 다시 현재로 돌아오는 서술 방식을 통해 학생이 자신의 미래를 구체적인 모습으로 그려보고, 현재의 학습 방향까지 보완할 수 있도록 돕는다. 이제 희정이가 작성한 가상의 에세이를 살펴보자.

어느 겨울 아침, 학교 미술 동아리 활동에 참여하기 위해 한 호스피스 시설을 찾았습니다. 차가운 콘크리트 벽으로 둘러싸인 그곳에서 문득 '이 벽으로 어르신들의 마음에 온기를 전할 방법은 없을까?'라는 질문이 떠올랐습니다. 그날부터 저는 붓을 들고 동아리 친구들과 함께 콘크리트 벽에 희망을 그려 나가기 시작했습니다. 따뜻한 파스텔 톤의 꽃과 나무, 함께 웃는 사람들의 모습을 담은 그림은 삭막하던 공간에 온기를 더했습니다.

하지만 제가 바랐던 진정한 변화는 벽화 한 폭으로 끝나지 않았습니다. 그림을 바라보며 미소 짓는 어르신들을 보며, 저는 '진정한 돌봄'의 의미에 대해 깊이 생각할 수 있었습니다. 진정한 돌봄이란 신체적 편안함을 제공하는 것을 넘어, 상대방의 마음에 따뜻한 숨결을 불어넣는 행동이라는 것을 깨달았습니다.

그래서 친구들과 함께 기금 모금 행사를 계획했고, 모금한 후원금으로 스타트업 '웜 휠스 Warm Wheels'를 창업했습니다. 우리는 거동이 불편한 분들이 자유롭게 이동할 수 있도록 사용자 체형과 생활 환경 구조를 반영한 새로운 개념의 휠체어를 설계하고 제작했습니다.

이 경험은 제게 두 가지 중요한 깨달음을 주었습니다. 첫째, 예술은 단순히 아름다움을 표현하는 데 그치지 않고 사람들의 삶을 어루만지는 강력한 도구가 될 수 있다는 점입니다. 둘째, 작은 관심이라도 모이면 세상을 바꾸는 물결이 될 수 있다는 믿음입니다.

저는 앞으로도 디자인과 기술을 결합해 타인의 필요와 고통에 공감하고, 일상 속에서 잔잔하지만 의미 있는 변화를 만들어가고 싶습니다. 대학에서 얻은 지식과 인적 네트워크를 발판으로, 더 따뜻한 세상을 만들어가겠습니다.

스마일 코칭 시스템이 제안하는 에세이는 학생이 자신의 관심 분야와 잠재력을 바탕으로 가까운 미래의 구체적인 모습을 그려볼 수 있도록 돕는다. 실제로 스마일 코칭을 받은 고등학생들은 아프리카 케냐 빈민 지역 아동을 위해 매주 토요일마다 온라인으로 영어를 가르치는 프로젝트를 자발적으로 시작했다. 또한 아이들과 함께 그린 그림을 모아 동화책을 출간하고, 판매 수익을 장학금으로 전달하는 활동도 이어갔다.

나는 에세이에 담은 꿈을 현실로 이루려고 노력하는 학생들을 만나, 그들을 도울 수 있는 사람이나 기관을 연결해 주는 역할을 맡았다. 학생이 발명을 원하면 무엇부터 시작할지 함께 고민했고, 코딩을 배우고 싶어 하는 학생에게는 적합한 과정을 추천했다. 특정 기관이나 단체에 참여하고 싶지만 방법을 찾지 못한 학생에게는 국제기구나 대사관, 연구소, 봉사단체 등 가능한 모든 곳과 연결해 학생이 계획한 프로젝트를 실행할 수 있도록 지원했다.

한 번은 스탠퍼드에 재학 중인 인도 출신의 컴퓨터공학 전공자, 중국의 고등학생, 한국과 미국의 초등학생, 케냐의 중학생, 싱가포르의 고등학생, 카자흐스탄에서 인공지능을 공부하는 대학생, 버클리에서 철학을 전공하는 미얀마 출신 학생을 모두 연결해 국경과 나이, 학년을 넘어 함께 선한 일을 할 수 있도록 돕기도 했다.

스마일 코칭 시스템을 통해 학생들이 구체적인 꿈을 꿀 수 있도록 돕고, 그들에게 필요한 사람과 기관을 소개하고 연결하며, 사람과 사람, 아이디어와 가능성을 잇는 소개자이자 연결자 역할을 해온 것이다. 어쩌면 나 자신이 이미 새로운 형태의 학교일지도 모른다.

인간다운
인간을 기르는 교육

한 번씩 스스로에게 이렇게 묻곤 한다. 왜 나는 지금까지 오랜 시간 동안 여러 학생들의 이야기를 들어주고, 시간을 들여 코칭까지 해온 걸까? 이 일이 내게 직접적인 이익이 되는 것도 아닌데 계속할 이유가 있을까?

이 질문에 대한 답은 분명했다. 만약 이런 과정을 통해 수많은 학생 중 단 한 명이라도 자신이 가진 것을 세상과 나누려는 마음을 갖는다면, 그것만으로도 조금 더 나은 세상을 만드는 데 기여한 것이라는 결론이었다. 지금까지 내가 해온 일들은 어쩌면 '나만의 1인 학교'를 운영하는 것과 다르지 않다고 느꼈다.

물론 현실적인 어려움에 부딪히거나 안타까운 순간들도 많았다. 스마일 코칭 시스템을 경험한 모든 학생이 자신의 미래 에세이에 쓴 약속을 실천하는 것은 아니었다. 학생들이 자유롭게 이용할 수 있도록 모든 것을 무료로 제공했기에, 운영 과정에서 발생하는 비용을 내가 전적으로 부담해야 하는 것도 부담스러울 때가 있었다.

무엇보다 안타까웠던 점은 많은 학생이 에세이를 쓰며 결심했던 것처럼 타인의 고통에 공감하거나 자신이 가진 것을 나누려 하지는 않았다는 사실이다. 어쩌면 이것도 자연스러운 일일 것이다. 지금의 학교 교육이 이런 태도를 길러주지 못하기 때문이다. 공감하는 마음을 품었다 하더라도, 이를 실제 행동으로 옮기고 책임을 다하는 것은 훨씬 더 높은 수준의 역량을 필요로 한다. 안타깝게도 이런 역량은 학교에서 다루기 힘들다. 때때로 학생들은 이렇게 질문한다.

"왜 다른 사람의 고통에 공감해야 하죠?"

"남을 돕는다고 해서 대학 입시에 도움이 되나요?"

"그게 제 삶에 무슨 의미가 있나요?"

이런 질문을 받을 때면, 가끔은 내가 시간을 의미 있게 잘 쓰고 있는지 의문이 들기도 했다. 학원과 학교 과제만으로도 바쁜 학생들에게 지구 반대편 난민촌 아이들의 교육 공백 이야기가 얼마나 와닿을지 되묻는 순간도 많았다.

실제로 "제가 어떻게 도울 수 있을까요?" "작은 힘이라도 보탤 수 있나요?"라고 묻는 학생은 드물었고, 더 나아가 이 질문의 답을 찾기 위해 행동까지 하는 학생은 더욱 적었다. 물론, 실질적인 행동을 넘어 사회적 책임까지 깊이 고민하고 의미 있는 성과를 낸 학생들도 분명히 있었다.

여러 학생을 코칭하며 가장 큰 기쁨을 느낀 순간은 시간이 흐르면서 학생들이 눈에 띄는 변화를 보일 때였다. 생각만 하던 것을 질문으로 옮기고, 질문을 행동으로 실천하며, 스스로 문제를 해결하기 시작할 때였다. 나는 이런 아이들이 미래의 리더가 되어 활약해 주길 바란다. 우리 사회에는 타인의 고통과 필요에 공감하며, 책임감을 갖고 행동하는 리더가 절실히 필요하기 때문이다. 반대로, 남을 밟고 올라서며 성장한 리더는 세상에 엄청난 위험과 손해를 끼치기 쉽다. '이유 없이 얻은 지성'이 위험한 이유다.

스마일 코칭 시스템은 인공지능 시대에 필요한 미래 역량인 '6C 역량'을 키우는 데 초점을 맞춘다. 또한 교육 기회의 불평등 문제에도 주목한다. 여전히 교육의 혜택을 받지 못하는 지역이 많은 현실에서, 스마일 코칭 시스템은 학생들에게 개인화된 학습 지원을 제공할 가능성을 열어준다.

스마일 코칭 시스템의 궁극적인 목표는 모든 학습자가 자신의 고유한 잠재력을 발견하고, 내재적 동기에 기반한 자기주도 학습으로 성장하며, 더 나은 세상을 만드는 데 기여하도록 돕는 것이다. 결국 '인간다운 인간'을 길러낼 가능성을 확장하는 과정이라고도 볼 수 있다.

스마일 코칭 시스템의 원리와 특징

지금부터는 '스마일 코칭 시스템'이 작동하는 원리와 인공지능이 학습자의 성장을 돕는 과정을 살펴보자. 이 시스템은 크게 세 가지 기능으로 구성되어 있다.

첫째, '맞춤형 학습 설계 기능'은 학습자의 관심사와 강점, 목표를 바탕으로 사용자에 맞는 학습 방향을 제안하고, 필요한 자료를 선별해 개별적으로 제공한다. 학습 진행 상황을 지속적으로 관찰하며, 필요 시 방향을 조정하기도 한다.

둘째, '자원 연결과 협력 기능'은 학습에 필요한 정보와 도구, 조언자(멘토), 그리고 관련된 사람들과의 소통 기회를 만들어준다. 또한 비슷한 관심사를 가진 또래 학습자들끼리 협력하거나 전문가와 소통하며 조언을 얻을 수 있는 환경을 조성한다.

셋째, '성찰과 평가 기능'은 학습 과정과 결과를 되돌아보게 돕고, 성과를 다양한 측면에서 평가해 적절한 피드백을 제공한다. 이를 통해 학습자는 다음 학습 방향과 목표를 명확히 설정할 수 있다.

스마일 코칭 시스템은 이 세 가지 기능을 통해 다음과 같은 순환 과정을 만든다. 먼저 학습자의 관심사와 성향을 파악한 뒤 → 그에 맞는 자원과 경험을 연결하고 → 실제로 역량을 키우고 → 마지막으로 결과를 나누고 다음 학습으로 확장하도록 격려한다. 이 과정을 반복하면서 학생은 누군가의 지시에 따라 움직이는 수동적 학습자가 아닌, 스스로 계획하고 실행하는 주도적 학습자로 성장하게 된다.

스마일 코칭 시스템의 핵심은 인공지능 기반 맞춤형 코칭으로, 학습자의 관심사, 강점, 학습 진도 등을 실시간으로 분석해 개인에게 최적화된 학습 경로를 제시한다는 점이다. 학습 과정에서 축적된 데이터를 바탕으로 방향을 조정하며 가장 효과적인 학습 경험을 제공한다.

또한 학습자가 질문을 계속하거나 반복 실수를 해도 지치지 않고 끝까지 반응하며, 막힐 지점을 미리 예측해서 대응한다. 실수나 실패를 판단하는 것에서 끝나지 않고, 다시 도전할 수 있는 지지적인 학습 환경을 제공하는 것도 큰 장점이다.

학습에 필요한 정보와 도구, 비슷한 관심사를 가진 또래나 전문가와의 연결도 지원해 탐구 범위와 깊이를 조절할 수 있다. 학습을 마친 후에는 지난 과정을 되돌아보며 성장한 지점을 스스로 확인하고, 다음 단계에 필요한 구체적인 제안도 얻는다.

이 모든 과정은 인간 코치와의 협력을 통해 성과를 극대화할 수 있다. 반복적이고 일상적인 지원은 인공지능이 맡고, 인간 코치는 대화와 창의적 피드백에 집중하는 방식으로 보다 정교하고 풍부한 코칭을 제공하는 것이다.

스마일 코칭 시스템은 학생들의 학습을 돕는 기술일 뿐만 아니라, 학생 한 사람 한 사람이 자신의 가능성을 발견하고, '앞으로 어떤 사람이 될 것인가?'라는 질문에 답을 찾을 수 있도록 돕는 '교육 여정의 조력자' 역할을 맡는다.

5장

인공지능 시대,
초자기주도력을 키워라

"지적 성장은 태어날 때 시작해서
죽는 순간에만 멈춰야 한다."

알버트 아인슈타인 Albert Einstein, 물리학자

강연장이나 회의장에서 여러 사람을 만날 때 빠지지 않고 등장하는 질문들이 있다. "교수님의 어린 시절은 어땠나요?" "어떤 환경에서 자라셨나요?" "부모님은 어떤 특별한 교육 철학을 가지고 자녀를 키우셨나요?" 같은 것들이다.

교육 공학을 연구하는 직업적 특성 때문인지, 사람들은 내가 어릴 적부터 남다른 환경 속에서 두각을 보이며 자란 인재일 거라 기대한다. 하지만 사실 우리 부모님은 특별히 교육에 열성적이거나 관심이 많은 분들이 아니었다. 또한 우리 집은 학원을 보내거나 과외를 시킬 형편이 되지 않는 소박하고 평범한 가정이었다.

다만 한 가지 특별한 점을 꼽자면, 부모님은 내가 무엇을 하든 간섭하지 않으셨고, 하고 싶은 일을 마음껏 해볼 수 있도록 지지해주셨다. 아마도 이런 환경이 내가 자기주도적인 성향을 가진 사람으로 자랄 수 있었던 가장 큰 밑거름이 되었던 것 같다.

부모님은 내가 스스로 판단하고 행동할 기회를 뺏지 않으셨다. 명문대에 가야 한다거나 인기 있는 직업을 가져야 한다고 강요하지도 않으셨다. 그저 묵묵히 내가 좋아하는 일을 찾을 수 있도록 기다려주셨던 것 같다. 돌이켜보면, 이런 방식이 자녀의 자율성을 최대한 존중한, 우리 부모님만의 '특별 코칭'이 아니었을까 생각한다.

한국에서 보낸 12년간의 학창 시절, 나는 공부를 잘하는 아이도, 어떤 분야에 뚜렷한 재능을 보이는 아이도, 선생님들의 기대를 한 몸에 받는 아이도 아니었다. 오히려 학교를 싫어하고 시험 성적도 바닥을 맴돌며, 눈에 잘 띄지 않는 조용한 학생일 뿐이었다.

초자기주도력은
어떻게 싹트는가?

나는 '일을 한다'는 말을 좋아하지 않는다. 대신, 일하는 시간마저 '즐겁게 노는 시간'이라고 표현하는 걸 좋아한다. 그만큼 내게는 일이 일처럼 느껴지지 않는다. 지금까지 일과 놀이를 구분하지 않고 지낼 수 있었던 건, 어릴 적부터 호기심이 많았던 성향과 알고 싶은 건 끝까지 파고드는 성격 덕분인 것 같다.

나는 어떤 현상이든 표면적인 이해로는 만족하지 못하고, 어떻게든 그 안에 숨은 원리까지 알아야만 속이 시원한 아이였다. 길을 걷다가 중장비를 보기라도 하면, 기계의 관절이 어떻게 무거운 힘을 견디고 물체를 들어 옮길 수 있는지, 운전석의 조종간에서 장비 끝 도구까지 힘이 어떻게 전달되는지 머릿속으로 그림을 그려가며 원리를 추측해야 했다. 어떤 기계를 봐도 '그냥 저렇게 작동하는 건가 보다.'라고 넘기지 못하고, 반드시 내가 직접 작동 원리를 알아내야만 했다.

누나와 형에게 물려받은 백과사전을 가장 많이 펼쳐본 사람도 막내인 나였다. 백과사전은 책장이 너덜너덜해질 때까지 읽었고, 궁금한 것이 생기면 꼭 알아내야 마음 편히 잘 수 있었다. 반면, 학교 공부에는 전혀 관심이 없어서 초등학교부터 고등학교까지 12년 내내 '도대체 학교는 왜 가야 하지?'라는 고민을 안고 살았다. 성적은 늘 하위권을 맴돌았다.

하지만 집에만 오면 상황은 달라졌다. 아버지가 평소 쓰시던 연장을 모아둔 방은 나만의 놀이터이자 일종의 '메이커 스페이스'였다. 그곳에서는 무엇이든 뜯거나 해체해 볼 수 있었고, 다시 조립해서 새로운 것을 만들 수도 있었다.

그 고물방에서 나는 나만의 실험을 계속했다. 엑스레이를 만들어 보겠다고 보일러를 분해한 다음, 고압 발생기를 진공 전등에 연결한 적도 있는데, 내 발명품을 만져보던 형이 2만 볼트 전류에 감전될 뻔한 아찔한 사건도 있었다.

초등학교 4학년 때는 전기자동차를 만들겠다며 유압 펌프용 모터를 나무판자에 달기도 했다. 직류 배터리로 교류 모터를 작동시키려다 보니, 직류를 교류로 바꾸는 장치가 필요했고, 이 장치를 만들기 위해 집 안의 전자 기기들을 모조리 뜯어 부품을 수집하기도 했다.

형과 함께 쓰던 방의 장판은 땜질 구멍 투성이가 되었지만, 부모님은 한 번도 나를 나무라거나 혼낸 적이 없었다. 집에서는 내 생각이나 행동을 제한하는 울타리가 없었기 때문에 더 자유롭고 즐겁게 뛰어놀 수 있었던 것 같다. 학교에서는 매일 같이 선생님께 꾸지람을 듣고 매를 맞고 돌아왔지만, 집에서는 전혀 내색하지 않았기에 부모님은 학교에서 겪은 고통을 알지 못하셨다.

어린 시절의 탐구욕과 실험 정신은 성인이 된 지금까지도 나를 이끄는 원동력이 되었다. 12년 동안 이어졌던 자기주도적인 놀이는 지금까지 계속되고 있는데, 달라진 점이 있다면 몸의 근육이 많이 빠지고, 민첩성도 떨어졌으며, 계단을 내려갈 때 손잡이를 먼저 찾고, 빙판길을 걸을 때 두려움을 느낀다는 것뿐이다. 하지만 근본적인 성향이나 태도는 크게 달라지지 않았다.

나는 여전히 무엇을 만들지, 어떤 프로젝트를 시작할지, 누구와 협업할지 끊임없이 질문한다. 내 경험만 돌아봐도 스스로 선택하는 힘이 삶 전체에 어떤 영향을 미치는지 확인할 수 있다.

자기주도력은
어떻게 삶을 바꾸는가?

자기주도력은 학습뿐만 아니라 인생 전반에 폭넓은 영향을 미치는 핵심 역량이다. 그 효과는 여러 영역에서 두드러진다. 어린 시절부터 자기주도력을 길러온 사람은 무엇을 공부할지, 어떤 진로를 선택할지 스스로 결정하며, 결정에 대한 책임도 기꺼이 감당한다.

자기주도적인 사람은 성인이 된 이후에도 빠르게 변화하는 직업 환경에 유연하게 적응할 수 있다. 새로운 기술이나 도구를 배울 때 겁내거나 회피하지 않고 스스로 도전하며, 한 곳에 안주하기보다는 더 나은 경력을 쌓을 기회를 찾아 적극적으로 움직인다.

특히 인공지능과 자동화 시스템의 발전으로 일자리 환경이 빠르게 변화하는 요즘 같은 시대에는 평생 직장이나 평생 직업이라는 개념이 더 이상 유효하지 않다. 따라서 자기주도력은 단순히 '성공을 위해 갖추면 좋은 능력'이 아니라, '스스로 생존하고 성장하기 위해 반드시 필요한 능력'이라 할 수 있다.

자기주도력도 시대에 맞게 진화한다

자기주도력은 스스로 목표를 설정하고 계획을 세워 실행하는 능력이자, 내면의 동기에서 출발해 학습과 성장으로 나아가는 힘을 뜻한다. 앞서 소개한 '6C 역량'과 함께 미래 사회에 개인이 반드시 갖춰야 할 핵심 역량이 될 것이다. 인공지능이 일상 깊숙이 스며든 지금, 자기주도력은 완전히 새로운 차원으로 변화하고 있다. 인간의 인지 능력이 스마트폰 같은 도구를 만나 확장되는 것처럼, 자기주도력도 인공지능과의 결합을 통해 지금까지는 상상할 수 없었던 영역으로 진화하고 있다.

나는 이렇게 진화한 형태의 자기주도력을 '초자기주도력'이라 부르기로 했다. 인간의 자기주도력이 인공지능과의 협업을 통해 확장된 지성으로 나아가는 현상이며, 혼자서는 결코 도달할 수 없었던 영역이나 개인의 한계를 넘어 새로운 가능성으로 향하는 여정이라고 정의할 수 있다.

자기주도력의 핵심인 '스스로 결정하고 행동하는 능력'은 그대로 유지된다. 그러나 '스스로'라는 개념의 범위는 더욱 확장된다. 과거에는 개인의 머릿속에 저장된 지식과 경험만이 자기주도력의 동력이 되었지만, 이제는 인공지능을 통해 얻을 수 있는 무한한 지식과 정보까지 여기에 포함된다.

천체 망원경이 우리의 시야를 우주로 확장시켜 주었듯, 인공지능은 사고의 차원을 새로운 지평으로 넓혀준다. 이때 중요한 점은 무엇을 탐색할지, 어떤 방향으로 나아갈지를 결정하는 주체는 여전히 인간이라는 사실이다. 인공지능이 수많은 솔루션을 제시할 수는 있지만, 최종적인 판단과 책임은 결국 인간의 몫이다.

전통적인 자기주도력이 '나는 무엇을 배우고 싶은가?'라는 질문에서 출발했다면, 초자기주도력은 '나 혼자서는 할 수 없지만, 인공지능과 함께라면 무엇을 해낼 수 있을까?'라는 질문으로 확장된다. 그리고 이를 실현하기 위해 '어떤 인공지능 솔루션을 활용할 것인가?' '인공지능에게 어떻게 질문할 것인가?' '어떤 부분을 인공지능과 협력하고, 어떤 부분을 내가 직접 해결할 것인가?'와 같은 새로운 차원의 질문들이 뒤따른다.

목표 설정부터 실행까지 모든 과정에서 인간과 인공지능의 협업이 자연스럽게 통합되는 것이다. 특히 흥미로운 점은, 인공지능을 단순한 도구나 기술이 아니라 강력한 협업 파트너로 인식하는 흐름이 점점 더 다양한 분야로 확산되고 있다는 사실이다.

전략적인 인공지능 활용법

전통적인 자기주도력이 '이 문제를 해결하기 위해 어떻게 계획하고 실행할까?'라는 질문에서 출발했다면, 초자기주도력은 여기에 '이 문제를 해결하기 위해 어떤 인공지능과 협업하는 것이 가장 효과적일까?' '인공지능이 제시한 다양한 솔루션 중에서 어떤 것이 이 작업에 가장 적합할까?'와 같은 전략적 사고가 추가된다.

스마트폰이 우리의 외부 기억장치가 된 것처럼, 인공지능은 인간의 인지 능력을 확장하는 역할을 한다. 그리고 각각의 인공지능은 창작, 분석, 코딩 등 서로 다른 영역에서 고유한 강점을 가지고 있다. 초자기주도력을 갖춘 사람은 이 차이를 정확히 이해하고, 상황에 맞는 최적의 인공지능을 선택해 문제를 해결한다. 이렇게 하려면 실제로 다양한 인공지능을 경험하며 충분한 활용 능력을 쌓는 과정이 필수적이다.

누군가는 지나친 인공지능 의존 현상으로 인해 개인의 주체성이 약해질 것을 우려하지만, 초자기주도력에 기반한 협업은 오히려 인간의 주체성을 강화한다. 더 많은 자원에 접근할 수 있는 만큼, 어떤 인공지능을 선택하고, 어떤 질문을 던지며, 어떻게 협업할지 책임 또한 커지기 때문이다. 전략적 사고와 함께 반드시 길러야 할 핵심 역량이 하나 더 있다. 바로 최적의 질문을 설계하는 기술이다.

인공지능의 특성에 따라 질문을 설계하는 기술

자기주도력과 불가분의 관계에 있는 메타인지 능력 또한 과거와는 전혀 다른 새로운 차원으로 발전하고 있다. 기존의 메타인지 능력이 '나는 무엇을 알고, 무엇을 모르는가?'에 초점을 맞췄다면, 초자기주도력 시대의 메타인지 능력은 여기에 '인공지능에게 무엇을, 어떻게 질문해야 원하는 결과를 얻을 수 있는가?'까지 포함한다.

예를 들어, 같은 문제라도 '이 문제를 어떻게 해결할까?'라고 묻는 것과 '내 상황과 생각은 이런데, 이 문제를 해결하기 위한 다섯 가지 접근법을 제안하고, 각각의 장단점을 분석해 줘.'라고 요청하는 것은 전혀 다른 수준의 결과를 만들어낸다. 또한 '열 살 아이도 이해할 수 있는 수준으로 설명해 줘.'나 '전문가 수준의 기술적 세부사항을 포함해서 설명해 줘.'처럼 답변의 깊이와 수준까지 조정할 수 있다.

이런 과정은 정해진 지침을 따르는 것과는 거리가 멀다. 매 순간 상황에 따라 최적의 질문을 설계해야 하기 때문이다. 마치 숙련된 인터뷰어가 상대의 반응을 살피며 질문을 조정하듯, 인공지능과의 협업에서도 이전 결과에 따라 다음 질문을 전략적으로 설계할 수 있다.

그러나 질문을 잘 설계하는 것만으로도 충분하지 않다. 어떤 영역에서 인공지능과 협업할지, 인간이 맡아야 할 역할의 범위는 어디까지인지, 그리고 무엇을 신뢰하고 무엇을 비판적으로 검토할지에 대한 최종 판단은 결국 인간의 몫이란 사실을 잊지 말아야 한다.

인공지능을 활용하는
가장 현명한 방법

앞으로는 모든 문제를 인공지능에 맡기거나, 반대로 모든 일을 혼자 해결하는 방식 모두 바람직하지 않을 것이다. 인공지능 시대를 현명하게 살아가는 가장 현명한 방법은 자신의 강점과 인공지능의 강점을 정확히 파악하고, 이를 바탕으로 최적의 역할 분담 전략을 설계하는 것이다.

예를 들어, 창작 과정에서는 인간이 초기 아이디어를 제시하고 인공지능이 이를 다양한 관점으로 확장한 뒤, 인간이 그중에서 가장 의미 있는 방향을 선택해 발전시킬 수 있다. 데이터 분석의 경우, 인공지능이 방대한 데이터를 분석해 패턴을 도출하고, 인간이 그 패턴의 의미를 해석하며 현실 적용 방안을 구체화하는 방법도 가능하다.

이처럼 인공지능과의 협업은 정해진 절차가 아니라 상황에 따라 끊임없이 달라지는 유동적이고 정교한 과정이다. 사용자의 목적, 문제의 성격, 자원의 조건에 따라 협업의 핵심 역할은 인공지능과 인간 사이에서 자유롭게 오갈 수 있다. 어떤 상황에서는 인공지능이 주도하고 인간이 이를 보완할 수도 있고, 반대로 인간이 주도하며 인공지능이 조력자로 기능할 수도 있다. 이처럼 유연한 협업을 실현하기 위해서는 날카로운 통찰력과 자기 조절 능력이 반드시 뒷받침되어야 한다.

초자기주도력을 가진 사람은 인공지능과 협업하는 순간마저 끊임없는 배움의 기회로 삼는다. 어떤 지시문이 더 효과적인지, 어떤 인공지능이 상황에 가장 적합한지, 역할 분담을 어떻게 해야 더 나은 결과를 얻을 수 있는지 실시간으로 파악하고 개선해 나간다.

이 과정은 마치 악기를 배우는 것과도 비슷하다. 처음에는 어색하고 실수가 잦지만, 꾸준히 연습하다 보면 점차 자연스럽게 자신만의 스타일이 자리를 잡는다. 인공지능과의 협업도 처음에는 낯설고 막막할 수 있지만, 경험이 점점 쌓일수록 자신만의 방식을 완성할 수 있다.

중요한 점은, 이것이 수동적인 적응 과정이 아니라 능동적인 사고 확장 과정이라는 점이다. 인공지능의 반응을 분석하고, 더 나은 협업 방식을 실험하며, 전략을 지속적으로 발전시켜 나가는 것이다. 이런 변화는 짧은 시간 안에 일어나지 않고, 물 흐르듯 자연스럽고 점진적으로 진행된다. 특히 주목할 점은, 평소 자기주도적으로 생활한 사람일수록 초자기주도력으로의 전환이 훨씬 쉽다는 사실이다. 스스로를 믿고 주체적으로 결정할 수 있는 사람만이 인공지능과의 협업에서도 주도권을 잡을 수 있기 때문이다.

미래 교육의 중요한 과제는 이처럼 자연스러운 진화를 돕는 것이다. 전통적 자기주도력의 기초를 탄탄히 다지면서도 동시에 인공지능과 협업하는 능력을 기르고, 개인의 역량과 확장된 지성을 조화롭게 발전시키는 것이야말로 미래형 핵심 역량인 초자기주도력을 완성하는 길이다.

더 나은 세상을 위한 인공지능

2024년 가을, 카자흐스탄 정부로부터 특별한 요청을 받았다. 인공지능을 기반으로 기존에 없던 직업을 만드는 교육 프로그램을 개발해 달라는 요청이었다. 마침 북경에 머물고 있던 터라, 카자흐스탄 과학기술부와 교육부 관계자들이 직접 북경으로 찾아와 협의 시간을 가졌다. 그들은 카자흐스탄에 왜 이런 프로그램이 필요한지는 물론, 앞으로의 시대에는 인공지능 기반 교육이 선택이 아닌 필수라고 생각하는 이유까지 상세히 설명했다.

"우리는 전통적인 산업에만 의존할 수 없습니다. 젊은 세대가 인공지능과 함께 일하는 법을 배우지 않는다면, 카자흐스탄은 세계 경쟁에서 뒤처질 수밖에 없습니다."

카자흐스탄 과학기술부 관계자의 적극적인 제안에 마음이 움직였고, 한 달 후에 현지를 방문하기로 결정했다. 카자흐스탄에 도착한 후에는 과학부 장관을 만나 의견을 나눴고, 카자흐스탄의 스타트업 환경을 파악하기 위해 스타트업 지원 기관들을 둘러보았다. 또한 주요 대학 총장들과 간담회를 열어 현지 교육 시스템의 현황을 파악한 다음, 현지 조사 결과를 바탕으로 맞춤형 교육 프로그램 개발 작업에 본격적으로 착수했다.

먼저 개발팀을 꾸려 초기 모델 프로그램 제작에 들어갔다. 열두 개의 기본 항목을 설계하고, 각 항목에는 인공지능과의 협업을 통해서만 해결할 수 있는 프로젝트를 배치했다. 이 프로그램에서 가장 중점을 둔 부분은 '코딩 경험이 없거나, 인공지능을 다뤄본 적이 없는 사람도 누구나 쉽게 시작할 수 있어야 한다'

는 점이었다.

우리 팀은 코드를 복사해 붙여 넣고 직접 실행해 보는 간단한 방식으로 파이썬 코딩에 접근할 수 있게 프로그램을 설계했다. 또한 학습을 진행할수록 자연스럽게 코드를 이해하고 수정하며, 스스로 응용할 수 있는 단계로 넘어갈 수 있도록 점진적 난이도 설계를 적용했다.

프로그램의 주제로는 식량 안보, 물 부족 현상, 공공 보건, 재생 에너지, 도시 계획, 환경보호, 교육 혁신, 금융 접근성, 재난 대응, 사회적 포용, 미래 직업 탐색 등 인류가 직면한 핵심 과제들을 폭넓게 다루도록 설계했다. 인공지능을 잘 활용하기만 해도 실제 문제 해결에 기여할 수 있다는 인식을 심어주는 것이 목표였기 때문이다. 그래서 프로그램 이름도 '더 나은 세상을 위한 인공지능 AI For a Better World for All'으로 정했다.

기본적인 구성을 완료한 후 가장 우려했던 점은 '이 프로그램이 실제 사용자들에게 도움이 될 수 있는가?'였다. 특히 연령과 배경이 다양한 참여자들이 인공지능과 협업하며 효과적으로 학습할 수 있을지 궁금했다.

시험 버전은 초등학교 5학년부터 직장인까지 다양한 연령층을 대상으로 배포했고, 참여자들이 스스로 학습하며 진도를 따라갈 수 있는지 일정 기간 동안 관찰하는 과정을 거쳤다. 바쁜 시간을 쪼개 프로그램에 참여한 직장인들도 있었는데, 이들은 참여 후에 적극적인 피드백을 남겼다. IT 기업에 근무하는 참여자는 이런 후기를 남겼다.

"20년 넘게 소프트웨어를 개발했지만, 인공지능과 협업하는 방식은 지금까지 경험했던 일들과는 완전히 달랐습니다. 처음에는 제가 지시하고 인공지능이 수행하는 관계라고 생각했는데, 이제는 인공지능과 함께 문제를 해결하는 '협력자'가 되어야 한다는 교훈을 얻었습니다. 이 프로그램은 인공지능과의 협업을 자연스럽게 경험할 수 있도록 설계되어 있어 매우 인상 깊었습니다."

또 다른 참여자는 이렇게 말했다.

"처음에는 모르는 게 너무 많아서 내가 정말 이걸 해낼 수 있을지 걱정했는데, 인공지능과 계속 대화하고 질문하며 답을 찾다 보니 어느새 잘 따라가고 있는 제 자신을 발견했어요. 그래서인지 이 프로그램만 있다면 선생님이 없어도 되겠다는 생각이 들 정도였습니다."

어른들의 반응도 흥미로웠지만, 내가 특히 주목했던 부분은 '어린 학생들도 잘 따라올 수 있을까?'였다. 인공지능의 도움을 받는다 해도, 학습 중에 막히거나 이해하기 어려운 부분이 생길 수도 있기 때문이다.

카자흐스탄의 몇몇 초등학교 수업에서도 이 프로그램을 활용했는데, 첫 관찰 수업을 진행했을 때 걱정은 완전히 사라졌다. 초등학교 5학년 학생들이 머신러닝의 기본 코드를 실행하고, 다양한 그래픽과 시뮬레이션을 구동하는 모습을 보며 내 걱정이 쓸데없는 걱정이었다는 사실을 깨달았다. 무엇보다 인상 깊었던 것은 아이들의 학습 태도와 접근 방식이었다.

아이들은 모르는 것이 있으면 주저하지 않고 인공지능에 질문을 남겼고, 프로그램 사용 도중 오류가 발생하면 에러 메시지를 그대로 복사해 인공지능에게 질문하며 문제를 해결했다.

학생들이 "초등학생도 이해할 수 있게 설명해 줘!"라고 요청하면, 인공지능은 아이들의 수준에 맞춰 차근차근 쉽게 설명했다. 예를 들어, 한 여학생이 "이 에러는 왜 생기는 거야? 내가 뭘 잘못한 거야?"라고 묻자, 인공지능은 에러의 원인부터 수정 방법까지 단계별로 안내했고, 아이는 이내 문제를 해결하고 다음 단계로 넘어갈 수 있었다.

또 다른 남학생은 "이 모델은 도대체 어디에 쓰는 거야? 만화를 예로 들어서 설명해 줘!"라고 요청했다. 그러자 인공지능은 그래픽 시뮬레이션과 만화를 결합해 통계와 예측 개념을 애니메이션 형태로 제시했다.

인공지능과 함께 학습하는 동안 아이들은 놀라운 속도로 성장했다. 나이가 어리다거나 모르는 게 많다는 점은 큰 문제가 되지 않았다. 인공지능과의 협업에서 중요한 것은 끊임없이 질문하고, 자신에게 맞는 방식으로 문제를 해결하려는 끈기와 자기주도력이었다. 이 모든 과정을 지켜보는 동안, 어린 학생들이 인공지능과 협업하는 방식뿐만 아니라, 그 속에서 진정한 배움이 일어나는 순간까지 직접 확인할 수 있었다.

사례⑧ 레오의 이야기
인공지능과 협업하는 방법을 보여준 아이

북경에서도 카자흐스탄과 같은 프로그램을 테스트하기 위해 한 초등학교를 방문한 적이 있다. 테스트에 참여한 5학년 학생 레오가 장난기 어린 표정으로 자신의 컴퓨터 화면을 가리키며 말했다.

"선생님. 이렇게 하는 게 맞나요?"

레오가 내민 화면에는 코사인 유사도 Cosine Similarity를 활용해서 만든 표와 다양한 동물의 행동 데이터를 기반으로 동물 간 유사성을 시각화한 그래픽 차트가 있었다.

나는 "이야, 기특하네! 잘 따라오고 있구나!"라고 레오를 칭

찬했다. 하지만 진짜 놀라운 순간은 그다음 주에 찾아왔다. 레오는 머릿속으로만 떠올리던 프로그램을 직접 만들었다며 자랑스럽게 화면을 보여줬다.

"아프리카 농부들이 직접 찾아가지 않고도 주변 환경을 관찰할 수 있도록 만든 시스템이에요. 어디에 물웅덩이가 있는지, 어느 지역이 돌밭이라 농사가 어려운지도 이 시스템이 다 알려줘요. 드론 열 대를 동시에 띄워 넓은 지역을 정찰하게 했는데, 이때 드론들이 서로 부딪히지 않도록 설계했어요. 드론의 배터리 상태도 실시간으로 확인할 수 있고, 배터리가 일정 수준 이하로 떨어지면 자동으로 돌아와 충전한 다음 다시 작업을 이어가도록 만들었어요."

레오가 내민 컴퓨터 화면에서는 여러 대의 드론이 가상의 아프리카 대지 위를 날아다니며 데이터를 수집하고 있었다. 드론 몇 대는 기지로 돌아와 배터리를 충전한 뒤 다시 출발했고, 드론이 수집한 데이터는 실시간으로 시각화되어 화면에 나타났다. 레오는 몇 년 전 아프리카의 식량난을 다룬 TV 프로그램을 본 적이 있으며, 이 문제를 해결하고 싶어 인공지능과 함께 시스템을 구현했다고 설명했다.

초등학교 5학년 학생이 인공지능과 대화하며 자신의 아이디어를 파이썬으로 구현하고, 드론을 활용해 데이터를 수집 및 시각화하며, 충돌 방지와 배터리 충전 방식까지 자동으로 제어하는 시스템을 만들었다는 사실은 엄청난 충격 그 자체였다. 대학원에 재학 중인 학생들에게도 쉽지 않은 수준의 프로젝트였다.

레오는 눈을 반짝이며 설명을 이어갔다.

"인공지능에게 '아프리카 농부들을 도울 수 있는 현실적인 방법은 어떤 것이 있을까?'라고 물었더니, 여러 아이디어를 알려줬어요. 제가 좋아하는 드론을 활용하는 방법을 선택해서 넓은 땅을 관찰할 수 있는지 물어봤죠. 인공지능은 제 아이디어를 코드로 만들었고, 저는 코드를 앱에서 어떻게 보여줄 수 있을지 다시 질문하며 이 프로그램을 완성했어요."

레오는 인간과 인공지능의 이상적인 협업 과정을 생생하게 보여줬다. 인간의 의지와 인공지능의 기술적 역량이 만나면, 복잡하고 해결하기 어려운 문제도 현실적인 솔루션으로 바뀔 수 있다는 사실을 확인한 멋진 사례였다.

내가 꿈꾸는
미래 학교의 모습

　레오의 경우와 비슷한 상황들을 여러 번 경험하면서, '인간과 인공지능의 효율적인 협업'을 위해서는 몇 가지 조건이 필요하다는 사실을 깨달았다.

　첫 번째 조건은 '질문 설계 능력'이다. 원하는 결과를 얻기 위해서는 어떤 질문이 가장 효과적인지 전략적으로 설계하는 능력이 중요했다. 계획 없이 즉흥적으로 내민 질문보다는 목적과 방향에 맞게 충분히 다듬은 질문이 더 나은 답변으로 이어졌고, 결과적으로 협업의 질을 높였다.

　두 번째 조건은 '비판적 평가 능력'이다. 인공지능의 제안을 그대로 받아들이지 않고, 이 제안이 전체 맥락에 부합하는지, 해결하려는 문제에 적절한지 스스로 판단하는 역량 또한 중요했다.

세 번째 조건은 '반복적 탐색 능력'이다. 처음부터 완벽한 해답을 기대하기보다 인공지능과 지속적으로 상호작용하며 단계적으로 개선해 나가는 노력이 필요했다.

네 번째 조건은 '맥락 전환의 유연성'이다. 기술적 세부사항부터 큰 그림까지 자유롭게 오가며 인공지능과 소통할 수 있는 능력은 협업 과정에서 매우 중요한 자산이 된다.

마지막으로, 가장 중요한 조건은 '창의적 통합 능력'이다. 여러 분야의 지식을 연결하고, 인공지능의 기술적 역량과 인간의 직관을 융합하여 해결법을 도출하는 능력은 문제 해결의 핵심이 될 것이다. 전통적인 교육 환경에서는 이 다섯 가지 조건을 충분히 강조하지 않았지만, 인공지능과의 협업이 필수가 되는 미래에는 이런 역량을 중심으로 설계한 새로운 형태의 학교가 반드시 필요하다.

미래 학교는 어떤 모습일까?

카자흐스탄에서의 경험은 교육을 바라보는 내 시각에도 근본적인 변화를 가져왔다. 미래 교육의 방향은 인공지능과 효과적으로 협업할 수 있는 역량 개발에 맞춰져야 한다는 사실을 깨달았기 때문이다. 인공지능을 통해 다양한 정보를 손쉽게 얻을 수 있지만, 앞으로 정말 중요한 것은 이 정보를 어떻게 통합하고 활용해 의미 있는 문제 해결로 이어갈 것인가이다.

인공지능은 개인 맞춤형 교사처럼 학생들이 자신의 속도에 맞춰 학습하도록 돕고, 자기주도적 학습을 가속화할 것이다. 레오 같은 학생들은 인공지능의 도움을 받아 자신이 관심 있는 문제를 깊이 있는 학습으로 연결할 수 있었다. 또한, 인공지능이 분석적이고 계산적인 작업을 대신 수행하면서 인간 고유의 강점인 창의성과 공감 능력, 윤리적 판단력의 중요성이 더욱 부각될 수밖에 없다.

이런 변화 속에서 교사의 역할도 새롭게 정의해야 한다. 교사는 학생이 인공지능과 효과적으로 협업하며 문제를 해결하도록 안내하고, 학습 여정을 코칭하는 안내자이자 촉진자가 되어야 한다. 이를 위해서는 교사들을 양성하는 교육 과정 또한 달라져야 하며, 내가 여러 번 강조했던 '6C 역량'이 그 핵심에 자리해야 한다.

학생, 교사(또는 코치), 그리고 강력한 인공지능이 함께 협력하는 모습이 내가 그리는 미래 학교의 이상적인 모습이다. 이곳에서 학생들은 주체성을 가지고 학습하며, 학교에서의 경험은 그들을 '이유 있는 지성'을 갖춘 인재로 성장시키는 밑거름이 될 것이다.

이런 비전을 실현하려면 인공지능 기술의 도입만으로는 부족하다. 전 세계의 교육 시스템은 여전히 근본적인 질문에 갇혀 있다. 모든 학생이 인공지능과 협업할 수 있는 역량을 갖추려면 교육 시스템과 평가 모델부터 재설계해야 한다. 기술적 능력과 인간적 가치 사이의 균형을 유지하고, 교육 불평등을 해소하며, 교사들이 '코치'로서의 역할을 수행할 수 있도록 지원하는 일은 사회적, 교육적, 윤리적 가치가 모두 결합된 복합 과제이다.

레오 같은 학생들이 인공지능과 협업해 만든 놀라운 성과는 시작에 불과하다. 인간의 공감 능력과 문제 해결 의지가 인공지능의 기술적 역량과 만난다면, 인류가 안고 있는 복잡한 문제들을 해결할 현실적인 솔루션이 탄생할 수 있다. 우리는 지금 그 놀라운 전환점에 서 있다.

상상할 수 있다면 혁신이 시작되고, 질문할 수 있다면 꿈은 현실이 된다. 교육은 세상을 더 나은 곳으로 만드는 기반이며, 미래 교육은 인간 고유의 가치를 모든 가치 중 우선에 놓는 방향으로 진화할 것이라 믿는다.

협업의 경계를 정하는 지혜

　카자흐스탄 교육 프로그램의 파일럿 테스트에서 특히 인상적이었던 점들 중 하나는 아이들이 인공지능이 해야 할 일과 자신이 해야 할 일을 본능적으로 구분한다는 것이었다. 예를 들어, 레오의 사례에서 '아프리카 농부들을 돕고 싶은 마음'과 '기근과 식량난에 대한 문제의식'은 레오 자신에게서 시작된 것이었다. 그러나 이 문제를 해결할 기술적 솔루션을 구현하는 과정에서는 인공지능을 적극 활용했다.

　창작 과정에서도 비슷한 패턴이 나타난다. 아이디어의 출발점과 방향 설정은 인간이 주도하고, 인공지능은 다양한 방식으로 아이디어를 확장한다. 인간은 그중 가장 적절하고 의미 있는 방향을 선택한다.

　또한 아이들은 인공지능의 답변을 맹신하지 않았다. 인공지능의 답변이 목표에 부합하는지, 상황에 적절한지, 실제로 작동할 수 있는지 끊임없이 검토하고 또 검토했다. 에러가 발생하면 다시 질문하고, 설명을 이해할 수 없을 때는 다른 방식으로 설명해 달라고 요청했다. 또한 처음부터 완벽한 결과를 기대하기보다는 점진적으로 개선하는 반복적 접근 방식을 자연스럽게 선택했다. 아이들이 난관에 부딪힐 때마다 나는 그저 "질문하는 방식을 바꿔 봐!^{Ask Differently!}"라고 조언했을 뿐이다. 질문 방식을 조금만 바꿔도 완전히 새로운 답변이나 해결책이 나올 수 있기 때문이다.

더 놀라운 점은, 인공지능과의 협업이 아이들의 창의성을 억누르지 않고 오히려 자극했다는 사실이다. 레오는 인공지능이 제시한 아이디어를 출발점으로 삼아 자신만의 독창적인 솔루션을 만들었다. 기술적 가능성과 인간의 상상력이 결합하면서 인공지능을 활용하지 않을 때보다 완성도 높은 결과물이 탄생했다.

이 경험을 통해 몇 가지 중요한 교육적 통찰을 발견할 수 있었다. 첫째, 아이들에게 인공지능과 함께 문제를 해결하는 경험을 자주 제공해야 한다. 단순히 숙제나 과제를 대신 맡기는 것이 아니라, 함께 고민하고 답을 찾는 과정을 반복하는 것이 중요하다.

둘째, 아이들의 진짜 관심사와 문제의식을 출발점으로 삼아 프로젝트를 설계해야 한다. 레오가 아프리카 기근 문제에서 시작한 것처럼 의미 있는 탐구는 호기심과 관심에서 시작된다.

마지막으로, 실패를 학습의 기회로 자연스럽게 받아들이는 문화를 만들어야 한다. 여러 시행착오를 통해 질문하는 방법을 개선하고, 더 효과적인 협업 방식을 찾는 과정 자체가 교육적으로 큰 가치가 있기 때문이다.

인공지능과의 협업은 질문 설계, 비판적 평가, 반복적 개선, 창의적 통합과 같은 메타인지 역량을 자연스럽게 길러주는 과정이며, 아이들이 스스로 사고하며 문제를 해결하는 능력을 강화하는 효과적인 학습 장치가 된다.

작은 혁명의 시작

레오 같은 아이들을 보면서 가장 인상 깊었던 점은 아이들이 어른들의 예상보다 훨씬 능숙하게 기술을 다룰 뿐만 아니라, 인공지능을 바라보는 관점 자체가 완전히 다르다는 사실이었다. 아이들에게 인공지능은 경쟁자도 위협 요소도 아니다. 아이들은 인공지능을 재미 있는 놀이 도구이자, 함께 꿈을 실현할 수 있는 동반자로 자연스럽게 받아들인다. 이런 관점 전환이야말로 진정한 혁명의 시작이다.

기술이 인간을 대체할 것이라는 두려움에서 벗어나, 기술과 함께 더 큰 꿈을 꿀 수 있다는 믿음을 가지는 것이야말로 미래로 나아가는 가장 현명한 첫걸음이다. 또한 인간의 한계를 인정하면서도, 인공지능을 통해 한계를 확장할 수 있다는 자신감을 갖는 것이야말로 인공지능 시대를 살아가는 데 적절한 초자기주도적 태도이다.

　앞으로 인공지능과의 협업은 선택이 아닌 필수가 될 것이다. 하지만 기성세대의 우려와는 달리, 이 과정은 인간성의 상실이나 기회의 감소를 의미하지 않는다. 레오가 보여주었듯, 인공지능과 협업하는 과정 속에서 공감 능력, 창의성, 윤리적 판단력 같은 인간 고유의 가치는 오히려 더욱 빛을 발하게 된다. 이제 우리에게 주어진 과제는 분명하다. 우리 아이들이 이런 가치를 실현할 수 있는 교육 환경을 만드는 일이다.

6장

침묵과 기다림으로
완성하는 교육

"교육의 주된 목표는
이전 세대가 한 일을 반복하는 사람이 아니라,
새로운 일을 할 수 있는 사람을 기르는 것이다."

장 피아제 Jean Piaget, 발달 심리학자

한국에서 태어난 아이가 유치원에 다닐 나이가 되었을 때, 부모님과 함께 미국의 어느 동네로 이사를 간다고 가정해 보자. 처음 접한 낯선 환경에서 새로운 친구들과 함께 유치원을 다녀야 한다면, 이 아이가 바로 다음 날부터 영어를 배워 자유롭게 말할 수 있을까? 당연히 그렇지 않다는 것은 누구나 알고 있는 사실이다. 처음에는 아무 말도 하지 못해 답답해하고, 너무 급한 상황에서는 한국어가 불쑥 튀어나올 것이다.

사람마다 차이는 있겠지만, 우리가 새로운 언어를 자연스럽게 말하게 되기까지는 일정한 '침묵의 시간'이 필요하다. 서던캘리포니아대학교 University of Southern California의 저명한 언어학자 스티븐 크래션 Stephen Krashen은 이 기간을 '침묵기 Silent Period'라고 불렀다.

침묵기는 새로운 언어 환경에 놓인 학습자가 자연스럽게 겪는 단계로, 말하기보다는 듣기와 이해를 통해 언어를 흡수하는 과정이다. 아이들마다 이 기간의 범위와 반응은 다르지만, 언어 습득 과정에서 매우 중요한 단계라는 점은 부정할 수 없다.

대체로 아이들은 어른보다 언어를 더 빨리 배우지만, 처음에는 수동적인 모습을 보이며 쉽게 입을 열지 못한다. 그러나 침묵의 시간이 지나고 나면, 어느 순간 영어로 말하기 시작하고, 일상적인 대화를 자연스럽게 이어갈 수 있는 수준으로 빠르게 성장한다.

기다림의 시간이
필요한 이유

언어뿐만 아니라 무엇을 배우든, 낯선 것을 접할 때는 누구에게나 어느 정도 적응 기간이 필요하다. 그런데 부모가 이 시간을 견디지 못하고 "어제 가르쳐 줬잖아. 그것도 대답 못해?"라고 다그치거나, 실망하거나 체념하는 모습을 보인다면 어떻게 될까? 아이를 도우려 했던 처음의 의도와는 달리, 아이는 점점 주눅이 들고 자신감을 잃게 될 것이다.

반대로 생활 속에서 정확한 발음과 표현을 자주 들을 수 있고, 단어를 자연스럽게 익힐 수 있는 환경을 제공한다면 아이의 학습 속도는 더 빨라지고 학습 효율도 높아진다.

나도 실제 교육 현장에서 발음이나 표현이 서툰 학생을 종종 만나기도 한다. 이 학생들이 열정적으로 자신의 생각을 표현할 때면 이해할 수 없는 부분이 있더라도 일단 끝까지 잘 듣고 나서, "네 말이 이런 뜻이라고 생각하는데 맞니?" 혹은 "그럼 네 질문을 어떻게 이해하면 될까?"라고 묻는 것과 "네 발음이 이상해서 무슨 말인지 잘 모르겠어."라고 말하는 것은 전혀 다른 결과를 불러온다. 부정적인 반응부터 접한 학생은 점점 주눅이 들어 질문하는 것조차 피할 수 있다.

어른들은 아이가 배운 것을 자기 것으로 만들 수 있도록 긍정적이고 건설적인 피드백을 제공하며 조용히 기다릴 수 있어야 한다. 배움에는 반드시 '침묵의 시간'이 필요하다는 것을 인정하고 기억해야 한다.

부모는 어떤 역할을 할 수 있을까?

많은 학부모가 "자기주도력을 키우기 위해 가정에서는 무엇을 할 수 있을까요?"라고 묻는다. 자기주도력은 타고난 능력일까, 아니면 외부의 도움으로 키워나갈 수 있는 역량일까? 결론부터 말하면, 자기주도력은 어릴 때부터 적절한 훈련을 통해 기를 수 있는 역량이다. 평소 아이를 가장 가까이서 지켜보는 부모는 자녀의 자기주도력을 키워주는 훌륭한 코치가 될 수 있다. 자기주도력은 비싼 학원이나 유명 강사의 강의를 듣는다고 해서 길러지는 것이 아니기에, 오히려 누구나 평등한 기회를 만들 수 있는 역량이다.

만약 부모가 아이 대신 판단하고 미리 모든 결정을 내려버린다면 아이는 어떻게 자랄까? 이런 환경에서 자란 아이는 스스로 결정하고 행동할 기회를 얻지 못한다. 실패를 경험할 기회도, 실패를 극복하고 다시 일어설 기회도 빼앗긴다. 결국 아이는 점점 의존적이고 수동적인 성향으로 성장할 수밖에 없다.

어떤 부모는 "우리 아이는 너무 수동적이에요."라고 걱정한다. 하지만 이 말은 사실상 "아이를 이렇게 수동적이고 의존적으로 키웠어요."라고 고백하는 것과 다르지 않다. 또 다른 부모는 "우리 아이는 너무 소심해서 부모가 개입하지 않으면 아무것도 못 해요."라고 말하는데, 이 역시 "저는 아이에게 스스로 생각할 기회를 주지 않았고, 늘 제가 옳다고 생각하는 방식대로 행동하게 했어요."라고 말하는 것이나 마찬가지다.

모순적이게도 이런 부모일수록 아이에게 "너는 왜 이렇게 생각이 없어? 제발 좀 스스로 생각하고 행동해!"라고 소리칠 가능성이 크다.

자기주도력이 발달하기 위해서는 언어를 학습할 때와 마찬가지로 일정한 '침묵의 시간'이 필요하다. 자기주도력은 하루아침에 길러지거나 발전하는 것이 아니라, 마치 언어를 배우는 과정처럼 서서히 내면에 자리 잡는다. 겉으로 보기에는 별다른 변화가 없어 보일 수 있지만, 침묵의 시간 동안 아이의 내면에서는 중요한 변화가 일어난다. 낯선 상황에 적응하고, 스스로에 대한 믿음을 키우며, 실패와 성공을 거치며 자신만의 판단 기준을 세워가는 것이다.

이 과정에서 부모와 교사의 침묵은 결정적인 영향을 미친다. 이 시기를 참지 못하고 성급하게 개입하거나 재촉한다면, 아이의 자연스러운 성장 흐름을 방해하게 된다. 마치 땅속에서 뿌리를 내리는 씨앗을 매일 파헤쳐 확인하는 것과 다르지 않다. 겉으로는 변화가 없어 보여도, 실제로는 가장 본질적인 성장 과정이 이루어지는 시기라는 사실을 믿고 기다려야 한다.

아이가 자기주도적인 모습으로 성장한다면, 당장 학교에서 어떤 점수를 받는지는 중요하지 않다. 숙제를 꼬박꼬박 하는지도 본질적인 문제가 아니다. 자기주도력을 가진 아이라면 대안학교를 다니든, 홈스쿨링을 하든, 대학 입학을 포기하든 자신만의 길을 얼마든지 찾아 나설 수 있기 때문이다. 그리고 어떤 길을 선택하더라도 반드시 자신만의 흔적을 남길 가능성이 크다.

자기주도적인 아이들은 대세나 유행을 따라 남들과 똑같은 길을 가기보다는 스스로 길을 찾고 새로운 길을 만드는 것을 좋아한다. 그리고 이런 과정을 자연스럽고 당연한 일로 받아들인다. 그래서 "우리 아이는 너무 엉뚱해요." "학교에 가는 걸 싫어해요." "쓸데없는 질문이 너무 많아요." "하나에 빠지면 거기에만 몰두해요." "공부는 못하는데 상상력은 뛰어나요." "언어 발달은 늦지만 한 번 본 건 마치 사진을 찍은 것처럼 기억해요."라고 말하는 부모에게 나는 이렇게 말한다.

"굉장한 가능성을 가진 자녀를 두셨네요. 앞으로가 너무 기대됩니다."

사실 부모가 걱정하거나 못마땅하게 여기는 몇몇 특징들은 전 세계에서 두각을 나타낸 창의적인 인물들에게서 공통적으로 발견할 수 있는 모습이기도 하다.

사례⑨ 템플 그랜딘 이야기
4년간의 침묵이 만든 기적

템플 그랜딘^{Temple Grandin}은 미국의 동물학자이자 작가로, 동물 복지와 자폐 인식 분야에서 큰 발자취를 남긴 인물이다. 자폐

스펙트럼 장애를 가진 그녀의 어린 시절은 '침묵의 시간'이 학습과 성장에서 얼마나 중요한 의미를 가지는지 보여주는 대표적인 사례다.

그녀는 네 살이 될 때까지 거의 말을 하지 않았다. 감각 과민 증상으로 인해 특정한 소리나 촉감에 극도로 예민하게 반응했기 때문이다. 학교에서는 이런 그녀를 '문제아'로 취급했다.

1950년대에는 자폐에 대한 이해가 부족했기에, 주변 사람들 대부분은 그녀를 시설에 보내라고 권유했다. 그러나 템플의 어머니는 포기하지 않았다. 템플이 동물에 관심을 보이고 시각적 사고에서 남다른 재능을 드러내자, 어머니는 아이의 재능을 키워줄 수 있는 환경을 마련하기 위해 온 힘을 쏟았다.

무엇보다도, 템플의 어머니는 템플이 말을 하지 않는 4년 동안 자신만의 방식으로 세상을 관찰하고, 이해한다고 믿었다. 말을 하지 않는다고 해서 배움이 일어나지 않는 것은 아니라는 사실을 잘 알고 있었던 것이다.

긴 기다림의 시간이 지난 뒤, 템플은 결국 자기만의 껍질에서 나와 동물행동학을 공부했다. 그 후 축산업계에 혁신적인 변화를 가져왔으며, 자폐인의 권익 신장에도 큰 기여를 하며 많은 이에게 깊은 울림을 남겼다.

침묵의 시간 속에 담긴
놀라운 비밀

'침묵의 시간'은 겉으로는 아무런 발전도, 진전도 없는 시간처럼 보일 수 있지만, 아이의 내면에서는 인지적, 정서적, 신경학적 통합과 재구성이 일어나는 매우 중요한 시기다. 침묵기는 성장을 위해 반드시 필요한 과정이다. 이 기간 동안 우리의 뇌에서는 놀라운 변화가 일어난다. 그동안 습득한 지식을 재구성하고, 새로운 사고 패턴이 형성되며, 자신에 대한 이해가 깊어진다.

인지 구조와 신경 회로를 서서히 정비하면서 직관적 통찰력도 움트기 시작한다. 마치 컴퓨터가 백그라운드에서 복잡한 연산을 수행하듯, 눈에 보이지는 않아도 의식하지 못하는 사이 성장의 토대가 다져지는 것이다.

침묵기에는 심리적으로도 중요한 변화가 일어난다. 새로운 도전을 받아들일 정서적, 감정적 준비가 시작되고, 자기효능감이 차곡차곡 쌓여간다. 정체성과 자아 개념이 변화하며, 삶을 개척하기 위한 내재적 동기도 더욱 명확해진다. 이런 과정 없이는 자기주도력을 키울 수 없다.

침묵 속에서 창의적 도약을 위한 준비도 차분히 이루어진다. 이 시간 동안 머릿속에서는 문제를 되짚어 보고, 새로운 가능성을 떠올리는 과정이 조용히 진행된다. 기존 사고의 틀에서 벗어날 시간적 여유가 주어져야만 새로운 관점과 접근법이 자리 잡고, 창의적 발견을 위한 기반을 마련할 수 있다. 어느 정도 '침묵의 시간'을 거친 다음, 창의적 발견과 혁신이 갑작스럽게 일어나는 것도 절대 우연이 아니다.

핀란드의 '느린 교육'이 증명한 가치

핀란드의 교육 시스템은 '기다림의 교육'이 얼마나 강력한 효과를 낼 수 있는지를 잘 보여준다. 핀란드에서는 아이들이 일곱 살이 되어야만 정식으로 읽기를 배우기 시작한다. 많은 나라에서 4~5세부터 읽기 교육을 시작하는 것과는 대조적이다. 처음 이 정책을 시행할 당시만 해도 핀란드 내에서는 '우리 아이들만 너무 뒤처지는 것은 아닐까?' 하는 우려가 있었다. 다른 나라 아이들은 벌써 책을 읽는데, 핀란드 아이들은 여전히 집 안팎에서 뛰어놀고 있었기 때문이다.

하지만 핀란드의 어른들은 아이들의 발달 단계를 믿고 기다렸다. 그리고 그 결과는 놀라웠다. 경제협력개발기구^{OECD}가 주관하는 국제학업성취도평가^{PISA}에서 핀란드 학생들은 세계 최상위 수준의 읽기 능력을 보여주었다. 아이들의 자연스러운 발달 리듬을 존중하며 기다린 덕분에 오히려 더 깊이 있고 지속적인 학습 능력을 갖출 수 있었던 것이다.

핀란드 교육의 핵심은 '아이들에게 충분한 시간을 주는 것'이다. 이 교육 철학은 모든 학습에 적용된다. 기다림의 시간 동안 아이들은 놀이를 통해 상상력을 키우고, 자연 속에서 관찰력을 기르며, 또래와의 관계 속에서 사회성을 배운다.

'침묵의 시간'은 이런 자연스러운 발달 리듬의 일부다. 모든 복잡한 발달 과정에는 급성장기와 안정기가 교차하며, 이것은 생태학적, 유기체적 성장 과정의 본질적인 특징이다.

나도 초등학교 1학년이 되어서야 한글을 배우기 시작했다. 유치원을 다닌 적도 없고, 집에서 글자를 따로 배운 적도 없었기 때문에 읽기 실력에서 다른 친구들과 큰 격차를 보였다. 12년 내내 학교에서 하위권을 벗어나지 못했지만, 지금 돌이켜보면 그 시간이 오히려 내게 큰 축복이었던 것 같다. 다른 아이들이 공부하는 동안 나는 집에서 혼자만의 '메이커 스페이스'를 운영했기 때문이다. 집에서 이것저것 뜯고 고치던 순간이 나에게는 놀이이자, 창의력을 발휘할 기회이자, 소중한 자기주도적 학습을 위한 시간이었다.

만약 내가 학교 공부에 조금이라도 흥미를 보였다면, 남들처럼 좋은 대학에 입학하기 위해 발버둥 쳤을지도 모른다. 하지만 가장 감사한 점은, 공부는 못했지만 그 덕분에 오히려 자기주도력을 키울 수 있었다는 사실이다. 그래서 나는 학교에서 성적이 하위권에 머무는 아이들, 공부를 싫어하는 아이들, 소위 '문제아'라고 불리는 아이들의 마음을 누구보다 잘 이해한다. 마치 어린 시절의 나를 보는 것 같기 때문이다.

공부를 못하는 아이가 오랜 고민 끝에 수학 문제 하나를 풀었다고 생각해 보자. 이 아이는 다른 사람에게 풀이 과정을 설명할 때 더 쉽게 그리고 친근하게 다가갈 수 있을 것이다. 상대방과 같은 시선에서 문제를 바라보기 때문이다. 반대로 공부를 잘하는 아이가 설명하면, 서로의 눈높이가 달라서 이해하기 어렵거나 부담스럽게 느껴질 수도 있다. 그래서 나는 지금도 주변 부모들에게 이렇게 말한다.

"아이가 공부를 못해도 자기주도력을 키울 수 있다면, 언젠가는 원하는 공부를 찾아서 스스로 하게 될 것입니다."

하지만 많은 부모가 지금 당장의 조급함 때문에 자녀를 기다려주지 못한다. 아이가 조금이라도 주춤하면 바로 과외 선생님을 알아보고 학원을 찾아간다. 아이 스스로 역량을 키울 시간을 조금도 허락하지 않는 것이다. 이렇게 시간이 흐르다 보면 집에 돌아와서 하루 종일 게임에만 빠져 있는 아이에게 잔소리 말고는 해줄 것이 없는 순간이 찾아올지도 모른다.

인내심 부족이 불러오는 문제들

부모와 교사가 인내심을 잃고 조급하게 행동하면, 학습자의 자기주도력 발달에는 여러 가지 부정적인 영향이 나타난다. 가장 대표적인 문제는 과도한 개입과 통제다. 어른들의 개입이 적절한 수준을 넘어설 경우, 학습자는 스스로 탐색할 기회를 잃고, 외부의 지시와 평가에 의존하는 습관이 굳어진다. 그 결과 내재적 동기가 약해지고, 실패와 좌절을 다루는 자기조절 능력도 제대로 자라지 못한다. 더 나아가 자신의 판단과 결정을 신뢰하지 못하는 의존적 태도가 자리 잡게 된다.

  단기적 성과에 대한 과도한 압박도 문제다. 이 경우 학습자는 깊이 있는 이해보다는 눈에 보이는 결과에만 집중하게 된다. 과정과 노력보다 성적과 평가에만 초점을 맞추는 습관이 생기고, 그로 인해 불안과 스트레스는 더욱 커진다. 완벽을 추구하는 성향이 강화되면서 실패에 대한 두려움과 위험 회피 성향도 높아진다. 이런 경험이 반복되면 자기효능감이 낮아지고, 스스로 문제를 해결하려는 도전 의식과 자신감도 줄어든다. 결국 '학습된 무기력'으로 이어질 수도 있다.

  마지막으로, 창의성과 혁신적 사고의 위축도 빼놓을 수 없다. 안전하고 검증된 길만 걸어가다 보면 실험과 탐색, 모험의 기회가 사라진다. 다양한 접근법에 대한 수용력과 개방성도 떨어지고, 기존의 틀을 벗어나는 독창적 사고력도 점점 약해진다. 이런 환경에서는 진정한 자기주도력을 키울 수 없고, 창의적 성장도 기대하기 어렵다.

기다림의 교육을
실천하는 방법

아이들에게 충분한 시간을 제공하면서도 몸과 마음이 건강하게 성장할 수 있도록 돕기 위해서는 '기다림의 교육'을 구체적으로 실천할 방법들을 찾아야 한다.

첫째, 아이가 무엇에 관심을 보이는지 주의 깊게 관찰해야 한다. 템플 그랜딘의 어머니가 자신의 딸이 동물에 관심을 보이는 모습을 꾸준히 지켜본 것처럼 아이가 무엇에 흥미를 느끼는지, 어떤 순간에 가장 몰입하는지 세심하게 살펴야 한다. 이때 어른의 기준이나 시각으로 해석하려 하지 말고, 아이의 눈높이에서 아이가 소중히 여기는 것의 가치를 이해하려고 노력해야 한다.

둘째, 아이가 스스로 탐색할 수 있는 환경을 제공해야 한다. 정답이나 해결책을 미리 제시하기보다 아이가 여러 번의 시행착오를 거쳐 스스로 발견할 수 있도록 기다려야 한다. 아이에게 '실패할 권리'를 주고, 실패에서 배우는 시간을 충분히 보장하는 것이 핵심이다.

셋째, 질문을 통해 사고를 확장시켜야 한다. '예, 아니오'로 대답할 수 있는 질문이 아니라, "넌 어떻게 생각해?" "다른 방법은 없을까?" "왜 그럴까?"와 같은 열린 질문으로 아이가 스스로 생각하고 탐색할 수 있는 기회를 만들어야 한다.

넷째, 결과보다는 과정을 인정하고 격려해야 한다. 아이가 노력하는 과정, 새로운 시도를 해본 용기, 포기하지 않고 여기까지 온 끈기를 인정하는 것이다. "이렇게 열심히 탐구했구나." "새로운 방법을 시도하다니 멋지다."와 같은 말은 아이의 내적 동기를 자극하고 자기 효능감을 높여준다.

마지막으로, 아이의 속도를 참을성 있게 기다려야 한다. 부모의 불안감이나 조급함이 그대로 드러나면 아이는 도전을 멈추게 된다. 아이가 실수하더라도 부모는 즉시 개입하지 않고, 아이의 속도에 맞춰 함께 걸어가야 한다.

기다림으로 완성하는 '미래의 교육'

'기다림의 교육'은 아이들이 자신만의 속도와 방식으로 성장한다는 사실을 인정하는 것이다. 획일적인 기준에서 벗어나 다양성을 존중하는 교육으로의 전환을 뜻하며, 단기적 성과에 집중하는 시각에서 장기적 성장에 초점을 맞추는 관점으로 변화하는 것이다.

앞으로의 교육은 개인의 속도와 관심사에 맞춰 조정되며, 변화하는 환경에 유연하게 대응하는 방향으로 나아갈 것이다. '모든 아이가 같은 시기에 같은 것을 배워야 한다'는 전제에서 벗어나, 각자의 상황에 따라 다른 경로로 학습할 수 있는 시스템이 점점 발달할 것이다. 표준화된 평가보다는 개인의 성장 과정을 추적하고 개별적으로 지원하는 방식이 더 중요해질 것이다.

교사의 역할도 근본적으로 달라질 것이다. 정보나 지식을 전달하는 사람이 아니라 아이들의 성장을 곁에서 돕는 코치로, 정해진 답을 알려주는 역할에서 함께 고민하고 탐구하는 안내자로 변화할 것이다.

코치로서의 교사는 무엇보다 아이 한 명 한 명의 발달 속도와 개성의 차이를 이해하고, 아이마다의 다름을 존중하며 기다리는 자세로 곁에 서야 한다. 지식을 가르치는 것 못지않게, 아이가 자신만의 속도로 성장할 수 있도록 지지하고 믿어주는 것이 교사의 중요한 역할이 될 것이다.

부모의 역할 역시 달라져야 한다. 부모는 아이를 위해 앞장서서 길을 닦아주는 사람이 아니라, 스스로 길을 찾을 수 있도록 뒤에서 지지하는 사람, 실패를 미리 막는 사람이 아니라 실패를 통해 배우도록 격려하는 사람으로 변화해야 한다.

이 모든 변화의 중심에는 '기다림의 지혜'가 있다. 아이들은 겉으로는 큰 변화를 보이지 않더라도, 분명히 조금씩 성장하고 있다. 침묵의 시간을 존중하며 기다린다면, 언젠가 아이는 우리가 기대했던 것보다 훨씬 더 단단하고 멋진 모습으로 세상 앞에 설 것이다.

혁신에도 '기다림'이라는 투자가 필요하다

'기다림의 지혜'는 개인의 성장을 설명하는 개념일 뿐만 아니라, 미래 산업에도 적용할 수 있는 철학이다. 1장에서 언급한 것처럼, '사람을 기억하기 위한 기술'을 만들기 위해서는 단기적인 성과보다 장기적인 가치에 투자할 수 있는 인내심이 필요하다. 그러나 여기서 말하는 '기다림'은 목표나 방향성을 상실한 막연한 대기가 아니다. 씨앗을 심으면 싹이 올라올 때까지 겉으로는 아무 변화가 없어 보인다. 하지만 흙 아래에서는 뿌리를 내리고 싹을 틔우는 조용한 움직임이 시작되고 있다. 겉으로 드러나지 않더라도 본질적인 변화가 일어나는 셈이다.

제품 개발도 마찬가지다. 애플이 아이폰을 개발했던 10년 동안, 시장과 소비자는 아무런 변화도 감지할 수 없었다. 하지만 이 시간 동안 수많은 초기 모델을 만들고, 사용자 테스트를 거듭했으며, 기술적 돌파구를 찾는 노력도 조용히 이어졌다.

테슬라 역시 20년 가까이 적자를 감내하며 전기차 기술을 완성했다. 실패한 것이 아니냐는 의심의 눈초리를 받기도 했지만 실제로는 놀라운 혁신의 뿌리가 자라나고 있었다.

아이의 성장 원리도 이와 다르지 않다. 많은 부모가 아이의 자립심과 독립심을 키워주고 싶다고 말하지만, 현실에서는 조급함과 불안감에 휘둘려 말과는 정반대의 행동을 하곤 한다. 그러나 아이는 겉으로 드러나지 않아도 스스로 생각하고 질문하며, 내면의 힘을 키워가고 있다. 이처럼 조용히 진행되는 성장의 흐름에 부모가 지나치게 개입하면, 아이는 점점 움츠러들 수 있다. 씨앗의 자연스러운 발아 과정을 인위적으로 조작할수록 뿌리가 제대로 내리지 못하는 것과 같다.

기술 개발에도 '보이지 않고 볼 수도 없는 과정'이 반드시 필요하다. 사용자의 필요를 이해하고, 문화적 맥락을 파악하며, 윤리적 딜레마를 해결하는 과정은 당장 눈에 띄는 성과를 내지는 못하지만, 결국 이런 기술이 사람의 마음을 움직이는 핵심 요소가 될 것이다.

구글 인공지능 연구팀이 알고리즘 편향성을 줄이기 위해 꾸준히 연구하고, 마이크로소프트가 인공지능 윤리 가이드라인을 마련하기 위해 수백 번의 사용자 인터뷰를 진행한 것 역시 '보이지 않는 투자'의 대표적인 사례다. 실제 제품 출시는 늦어질 수 있지만, 이 과정을 통해 '사람을 이해하는 기술'은 더욱 단단해진다.

핀란드의 느린 교육이 보여준 것처럼, 보이지 않는 과정에 투자하는 사회는 창의적인 인재라는 선물을 얻는다. 마찬가지로, 기다릴 줄 아는 기업과 국가는 세계를 주도할 핵심 산업을 키워낼 것이다. 반면, 빠른 성과에만 집착하는 사회는 겉만 번지르르한 기술을 만들 뿐, 사람의 마음을 움직이는 진정한 혁신은 완성하지 못한다.

'보이지 않는 과정을 신뢰하는 자세'가 전 세계 기업과 사회 전반에 퍼질 때, 우리는 가장 '인간적인 혁신'을 실현하며 기술이 오직 사람만을 위해 존재하는 세상을 맞이할 수 있을 것이다.

마치는 글

이유 있는 지성이 여는 미래

지금까지 많은 이야기를 나눴다. 인공지능 시대의 교육이 어떻게 달라져야 하는지, '6C 역량'이 왜 중요한지, 질문이 어떻게 혁신의 출발점이 될 수 있는지 살펴봤다. 또한 교사의 역할이 코치이자 안내자로 변화해야 하는 이유와 초자기주도력을 키우는 환경의 중요성, 그리고 기다림과 침묵의 교육이 중요한 이유도 함께 이야기했다.

여러 아이들도 만났다. 새를 사랑하는 아스퍼거 증후군 소년 에이든, 학교 밖에서 스스로 길을 선택한 이안, 여성 인권에 관심이 많았던 에티오피아의 살마, 케냐 아이들을 위한 안내자가 된 이디나, 아프리카 기근 문제를 걱정하던 초등학생 레오까지, 이 모든 아이들의 이야기는 진정한 배움이 어떻게 일어나는지 보여주는 훌륭한 사례였다.

인공지능 교육에서 반드시 다뤄야 할 주제

인공지능은 인간이 차지했던 다양한 영역을 빠르게 대체하고 있다. 인공지능의 발전 속도는 우리의 상상을 훌쩍 넘어선다. 오늘날의 인공지능은 방대한 자료를 몇 초 만에 요약하고, 창의적인 아이디어를 끊임없이 제시하며, 복잡한 문제에도 쉽게 답을 제시한다. 손끝 하나만 까딱해도 놀라운 결과물이 눈앞에 펼쳐진다.

하지만 이런 편리함에 익숙해질수록 우리는 점점 더 스스로 사고하고 고민하는 힘을 잃어가는 건 아닌지 돌아봐야 한다. 빠르고 손쉬운 결과에 길들여질수록 질문하는 능력과 성찰의 힘은 약해지고, 문제를 근본적으로 이해하고 해결하려는 태도 또한 사라질 수 있기 때문이다.

인공지능에게 질문을 던지는 일은 너무 쉽다. 하지만 이 간단한 과정 속에서 우리는 스스로 문제를 분석하고, 다양한 관점에서 검토하며, 창의적인 해결책을 탐색하는 소중한 기회를 잃을 수도 있다. 더 큰 문제는, 인공지능이 '잘 대답할 수 있는 질문'에만 집중하면서 인간만 할 수 있는 깊이 있는 사고나 복합적인 맥락을 고려한 질문이 점점 사라질 수도 있다는 점이다. 질문의 수준이 낮아지면 사고의 폭도 함께 좁아질 위험이 있다.

더 넓은 관점에서 보면, 우리가 인공지능에게 던지는 질문 하나하나는 인공지능이 학습한 데이터를 토대로 작동한다. 다시 말해, 우리의 사고 패턴과 문제 해결 방식이 고스란히 인공지능 모델에 반영되는 것이다. 그렇다면 우리는 인공지능이 왜 그런 답을 제시하는지, 어떤 데이터를 기반으로 학습했는지, 그 안에 어떤 가치관과 편향이 숨어 있는지 충분히 이해하고 있을까?

앞으로 더욱 심각해질 수 있는 문제는 '인공지능 주도권의 상실'이다. 우리는 인공지능을 직접 개발하거나 통제하는 주체가 아니라, 이것을 활용하는 사용자에 불과하다. 인공지능을 더 많이 사용할수록, 인공지능 기업들이 보유한 데이터 자산과 영향력만 커지는 상황이다.

만약 국제 정세의 변화나 정책적 요인으로 인해 어느 날 갑자기 인공지능 서비스가 중단되거나, 감당할 수 없을 만큼 사용료가 치솟는 상황이 발생한다면 어떻게 될까?

우리만의 인공지능 기술이나 국내 모델이 없다면, 교육, 의료, 산업, 행정 등 다양한 분야는 타국의 기술에 의존하는 구조로 고착화될 수밖에 없다. 해외 모델과 연동된 수많은 '응용 프로그램 인터페이스Application Programming Interface, API' 기반의 서비스가 멈춘다면, 결국 국가적 위기 상황으로 이어질 수도 있다.

이런 상황에서 '설명 가능한 인공지능Explainable AI'의 중요성이 더욱 부각되고 있다. 인공지능의 데이터 출처, 학습 방식, 알고리즘의 의사결정 과정이 투명하게 공개되어야만, 우리는 그 결과를 비판적으로 검토하고 책임감 있게 활용할 수 있다. 아무리 뛰어난 성능을 가진 인공지능이라도 내부 구조가 블랙박스처럼 불투명하다면, 어디까지 신뢰해야 할지 판단하기 어렵다.

따라서 앞으로의 교육에서는 '인공지능 주권' 문제를 반드시 다뤄야 한다. 과거 우리가 경제적 자립과 국가의 주권을 고민했던 것처럼, 이제는 인공지능 주권에 대해서도 진지한 논의가 필요하다.

교육 현장에서도 인공지능을 단순히 '정답을 얻는 도구' 정도로 활용하는 데 그치지 않고, 함께 사고하고 탐구하는 '사고의 협력자'로 활용하는 방향으로 전환해야 한다. 이를 위해서는 학생들이 스스로 질문을 만들고, 비판적으로 사고하며, 능동적으로 협업하는 경험을 충분히 제공해야 한다.

메타 인공지능 역량이 필요한 이유

우리에게는 단순히 특정 인공지능 도구를 다룰 수 있는 기술을 넘어, 인공지능 기술을 더 깊이 이해하고 비판적으로 활용할 수 있는 역량이 필요하다. 나는 이것을 '메타 인공지능 역량Meta AI Competency'이라 부르고자 한다.

메타 인공지능 역량을 갖춘 사람은 다양한 인공지능 도구의 잠재력과 한계를 정확히 파악할 수 있다. 이런 통찰은 단기간의 학습으로 얻어지지 않으며, 반복적인 경험과 실제적인 활용을 통해 서서히 축적된다.

예를 들어, 어떤 언어 모델은 텍스트 생성과 분석에 탁월하지만, 사실 확인이나 출처 검증에서는 분명한 한계를 드러낸다. 또 어떤 이미지 생성 인공지능은 창의적인 시각화에는 유용하지만, 직관적 판단이나 맥락 이해는 부족할 수 있다.

아울러, 특정 분야에 특화된 데이터 분석용 인공지능은 환경이 조금만 바뀌어도 성능이 급격히 떨어질 수 있다. 더욱이 기술은 계속 진화하기 때문에, 오늘의 강점이 내일의 약점이 될 수도 있다. 따라서 우리는 인공지능을 적극적으로 활용하고 직접 부딪히며 탐색하는 경험을 쌓아야 하며, 기술 변화의 흐름을 민감하게 읽는 습관을 길러야 한다.

이 역량의 가장 높은 수준에는 '자기 성찰적 사고'가 자리 잡고 있다. 예를 들어, "나는 지금 인공지능을 어떤 목적으로 사용하는가?" "이 사용 방식이 내가 추구하는 가치와 일치하는가?" "나는 단지 개인적인 편의만을 위해 인공지능을 활용하는가, 아니면 이것을 통해 더 나은 세상을 만드는 데 기여하는가?"와 같은 질문들이다.

인공지능을 활용해 과제를 할 때도, 단순히 '과제를 빨리 끝내기 위해' 사용하는 것과 '주제에 대해 더 깊이 이해하고 진심으로 공감하기 위해' 사용하는 것은 전혀 다른 결과를 가져온다.

마찬가지로, 교사가 수업 자료를 만들 때도 단지 시간을 절약하기 위해 인공지능을 활용하는 것과 학생들에게 더 의미 있고 풍부한 학습 경험을 제공하기 위해 인공지능을 적극적으로 활용하는 것 사이에는 본질적인 차이가 존재한다.

이처럼 깊이 있는 질문을 지속적으로 제기하는 태도는 우리를 주체적 협력자로 거듭나게 한다. 기술을 단지 편리함을 위한 도구로만 여기지 않고, 타인의 고통을 덜어주며, 사회적 불평등을 해소하고, 지속 가능한 미래를 함께 만들어가는 더 큰 목적을 위해 인공지능을 의식적으로 활용하는 사람들이 바로 메타 인공지능 역량을 갖춘 인재다.

이중의 날을 가진 기술

화학을 조금이라도 배운 사람이라면 '질산암모늄$^{Ammonium\ Nitrate}$'이라는 이름을 한 번쯤은 들어봤을 것이다. 이 물질은 이중적 성격을 가진다. 농업에서는 질소 비료의 핵심 원료로 작물 성장을 돕고 식량 문제 해결에 기여하지만, 동시에 위험한 폭발물의 구성 성분으로 사용될 수도 있다. 같은 물질이라도 사용자의 목적과 의도에 따라 생명을 살리는 도구가 될 수도 있고, 생명을 앗아가는 무기가 될 수도 있다.

인공지능도 마찬가지다. 본질적으로는 중립적인 기술이지만, 어떤 목적으로 사용하느냐에 따라 전혀 다른 결과를 낳을 수 있다. 의료 분야에서는 진단의 정확도를 높이고, 교육 분야에서는 학습을 개인화하며, 환경 분야에서는 기후 위기에 대한 해결책을 제시하는 데 쓰인다면, 인공지능은 분명 인류의 삶을 더욱 풍요롭고 안전하게 만드는 도구가 될 수 있다. 하지만 반대로, 인간을 감시하고 통제하는 수단으로 사용되거나, 사회적 불평등을 심화시키는 방향으로 이용된다면, 그 피해는 우리의 예상보다 더욱 심각하고 광범위할 수 있다.

인공지능이 고도화될수록 인간의 고유한 역량, 즉 공감과 창의성, 윤리적 판단력은 더욱 중요한 가치로 각광받을 것이다.

기술이 아무리 똑똑해져도, '왜 이 기술을 사용하는가?'에 대한 질문은 인간만이 할 수 있다. 기술의 방향성과 목적을 결정하는 것은 결국 사람이다. 기술을 통해 이루고 싶은 것이 무엇인지 윤리적인 고민 없이 진보만을 추구한다면 우리는 결국 위험한 결과를 마주할 것이다.

'이유 있는 지성'은 단순히 지식을 많이 아는 것을 넘어, 왜 배우는지를 아는 통찰이다. 또한 다른 사람의 고통과 필요를 자신의 문제로까지 확장할 수 있는 공감 능력에서 시작해, 세상을 더 나은 방향으로 바꾸려는 목적의식을 의미하기도 한다.

'이유 있는 지성'을 가진 사람이 많아질수록, 인공지능은 인류를 위협하는 존재가 아니라 더 나은 세상을 만들어가는 든든한 동반자가 될 수 있다. '이유 있는 지성'을 가진 사람들은 기술의 편리함을 충분히 누리면서도, 기술이 사람을 위한 방향으로 작동하도록 조정하고, 때로는 견제하는 역할을 한다.

미래는 가장 정교한 인공지능을 만든 사람의 것이 아니라, 가장 따뜻하고 깊이 있는 질문을 제시할 수 있는 사람의 것이다. 그리고 그런 질문을 만들어내는 것은 인간의 신념, 가치관, 그리고 책임감이다.

지금도 어느 아이는 교실 한구석에서 조용히 혼자만의 시간을 보낼 것이고, 다른 아이는 엉뚱한 질문으로 어른들을 놀라게 하며, 또 다른 아이는 실패를 경험하며 좌절할지도 모른다. 하지만 모든 순간이 가치 있고 소중하다. 이 모든 경험이 바로 '이유 있는 지성'으로 성장하는 여정의 일부이기 때문이다.

우리가 이 여정을 믿고 지지하며 함께 걸어간다면, 언젠가 우리 아이들은 어른들이 상상하지 못한 놀라운 방식으로 세상을 바꿀 것이다. 인공지능과 함께하는 미래에도, '이유 있는 지성'은 그 어떤 기술보다 빛날 것이다.

찾아보기

1001 스토리 98
4C 모델 58, 59
4차 산업혁명 23, 54
6C 역량 9, 31, 35, 40, 41, 57, 58, 59,
60, 61, 111, 112, 113, 116,
117, 194, 200, 213, 230, 259

ㄱ

가정 학교 40, 42
가치 기반 접근법 60
가치 및 역량 기반 교육 59
공감 능력 10, 31, 33, 49, 57, 58, 59,
60, 63, 96, 97, 99, 109,
110, 128, 230, 231, 235,
266
공익을 위한 인공지능 161
구글 텐서플로 170
국제 금융망 26
국제학업성취도평가 249
굽슈 73

근간을 흔드는 질문 10
글로벌 케글 챌린지 172
깃허브 71

ㄴ

느린 교육 248, 258

ㄷ

댄 래더 164
더 나은 세상을 위한 인공지능 220, 222
디스쿨 104, 108, 109
디지털 원주민 53, 54

ㄹ

라즈베리 파이 169

ㅁ

마크 프렌스키 53
마하트마 간디 127

맞춤형 코칭　27, 192, 193, 202
메이커 스페이스　132, 210, 250
메타 인공지능 역량　263, 264
미국 국립과학재단　140
미래 유망 역량　60
미래의 리더　25, 200

ㅂ
발산적 사고　130
벤자민 블룸　143
블룸의 인지 분류법　155
비판적 사고력　31, 57, 58, 59, 86, 186

ㅅ
삼자 상생 모델　64
설명 가능한 인공지능　262
소금 행진　127, 128
소통 능력　31, 57, 58, 61, 66, 110, 111
스마일 시스템　122, 151, 152, 153
스마일 코칭 시스템　191, 192, 193, 195, 197, 199, 200, 201, 202, 203
스마일 파이　141

스마일 플러그　141
스마트 스쿨　187
스웜 드론　11
스퀴럴 AI　188
스택오버플로　71
스탠퍼드 디자인 스쿨　34
스티븐 크래션　239
시즈 오브 임파워먼트　5, 97
심볼릭 시스템　62

ㅇ
아두이노　91, 169
아마존 레코그니션　22
아스퍼거 증후군　7, 11, 168, 259
안전성 연구팀　161
알버트 아인슈타인　206
애스크 스마일　148, 149, 155, 156, 158, 159
에듀케이션 2030　60
에디파이　121
역량 기반 접근법　60
왓슨 헬스　21
움직이는 학교　40, 41, 42
유타 필립스　120
윤리 가이드라인　258
융합적 사고　131, 132

인공지능 원주민 54
인공지능 윤리팀 161
인스텍스 26
인재상 23, 54

ㅈ

자기주도적 학습 146, 154, 179, 230, 250
장 피아제 238
전략적인 인공지능 활용법 215
제미나이 148
젠 앳 57
존 듀이 20
존 마에다 52
질문 중심 학습법 10, 138, 139, 140, 148, 154, 155, 157

ㅊ

챗지피티 24, 84, 85, 148, 175
초자기주도력 11, 209, 213, 214, 215, 216, 219, 220, 259
침묵기 239, 247, 248

ㅋ

카르마 92
코칭 기반 교육 186

코텀 프로그램 62
크리스 디디 28

ㅌ

테이 21
템플 그랜딘 245, 246, 253
팀포테크 68, 69

ㅍ

프로그램 응집성 지수 144
프로젝트 옥시젠 189, 190
프로젝트 중심의 코칭 183
핀란드의 느린 교육 248, 258

ㅎ

하이브리드형 인간 53
현상 기반 학습법 59, 186
확장된 지성 27, 214, 220

이유 있는 지성

1판 1쇄 인쇄 2025년 11월 3일
1판 1쇄 발행 2025년 11월 19일

지은이 폴 김

발행인 양원석 **편집장** 차선화 **편집** 한지윤
디자인 신자용, 김미선 **영업마케팅** 윤송, 김지현, 최현윤, 유민경

펴낸 곳 ㈜알에이치코리아
주소 서울시 금천구 가산디지털2로 53, 20층 (가산동, 한라시그마밸리)
편집문의 02-6443-8861   **도서문의** 02-6443-8800
홈페이지 http://rhk.co.kr
등록 2004년 1월 15일 제2-3726호

ISBN 978-89-255-7293-2 (03590)

※ 이 책은 ㈜알에이치코리아가 저작권자와의 계약에 따라 발행한 것이므로
   본사의 서면 허락 없이는 어떠한 형태나 수단으로도 이 책의 내용을 이용하지 못합니다.
※ 잘못된 책은 구입하신 서점에서 바꾸어 드립니다.
※ 책값은 뒤표지에 있습니다.